U0519674

9787030449665

/目录/

　　创新型城市建设作为一项事关全局发展的重大系统工程，须长期努力、持之以恒，因此，对前一阶段试点工作进行总结，并以对创新型城市建设进程进行监测和评估，客观反映城市创新能力、资源禀赋和创新绩效，推动国家创新型城市建设具有十分重要的参考价值。

　　在此，谨向对本书提供相关数据及为本书的撰写和修改完善提供帮助的各界人士表示衷心的感谢。

编者

2014 年 12 月

/前言/

　　创新型城市是自主创新能力强、科技支撑引领作用突出、经济社会可持续发展水平高、区域辐射带动作用显著的城市。建设创新型城市是我国城市发展转型的内在要求，也是城市探索突破自身发展瓶颈、实现可持续发展道路的积极实践。2006 年，中共中央、国务院颁布《关于实施科技规划纲要增强自主创新能力的决定》，提出要创新体制机制，走中国特色自主创新道路，建设创新型国家，全面提升国家竞争力。此后，各地区纷纷结合区域经济和社会发展的特色和优势，统筹规划区域创新体系和创新能力建设。截至 2010 年年底，全国已有二百多个城市提出建设创新型城市的目标，截至 2013 年 9 月，有 57 个城市（区）成为国家创新型试点城市（区）。

　　自 2010 年 4 月成为国家创新型试点城市以来，昆明以增强自主创新能力、转变经济发展方式为目标，通过整合创新资源、凝聚创新人才、加快创新基地和平台建设，取得了创新型城市建设的阶段性成效。

本书专家组

顾　问　刘燕琨　马文森　翟　斌
　　　　成小兵　周　康　钟　斌

本书编委会

主　编　杨朝峰　陈　晖
编　委　司恩海　王　贞　杜　莹

1

绪 论

　　昆明自 2010 年 4 月入选国家创新型试点城市以来，在市委、市政府的正确领导下，认真贯彻落实新时期科技工作方针，按照国家科技部《关于进一步推进创新型城市试点工作的指导意见》中要求的　顶层设计、系统推进、突出特色、引领示范　的工作思路，结合昆明实际，编制《昆明市建设国家创新型试点城市工作实施方案》，持续加大科技创新投入，科技产出水平进一步提高，有效地促进了经济社会转型发展。

　　20 世纪 80 年代后期，随着金融、信息、管理等为代表的现代知识产业在发达城市快速发展，以知识、技术和服务创新为代表的城市创新网络和创新体系成为知识经济发展的重要保障，创新城市（innovative city or creative city）的理念逐渐被人们所接受，同时创新作为一种新的驱动力，成为城市经济增长和经济发展的重要推动因素。正是在这样的发展趋势下，科技部于 2010 年 1 月认定首批国家创新型试点城市 20 个，再次掀起对创新型城市建设的研究热度。毕亮亮和潘锡辉（2010）对国外创新型城市建设的相关理论与基本经验进行概述，李靖华等（2013）对创新型城市的定义及基本要素作了简要阐述，经济日报　自主创新　调研小组（2012）更是对全国 31 个省（自治区、直辖市）开展创新作了全面介绍。

1.1 昆明建设创新型城市的战略意义

【 1.1.1 率先实现转型 】

随着改革开放向纵深推进，中国虽然在过去的三十多年里取得了很大的成就，实现了由解决温饱到基本达到小康的历史性跨越，但是，粗放的经济发展方式和巨大的资源能源消耗，使得城市进一步的发展受到能源、资源和环境的严重制约。此外，粗放型城市发展模式还带来了城市空间的无序或低效开发、城乡发展失调、社会发展失衡、城市病迅速蔓延等诸多弊端。党的十八大报告提出要加快形成新的经济发展方式，使经济发展更多依靠科技进步、劳动者素质提高和管理创新驱动。要赢得昆明更美好的未来，就必须依靠创新驱动城市发展，促进创新资源高效配置和综合集成，把全社会的智慧和力量凝聚到创新发展上来。

在新的历史时期，加快推进昆明创新型城市建设，加快昆明经济发展方式转变，以创新驱动、资源节约、环境友好、经济高效、社会和谐、民生优先和城乡一体的发展思路来建设创新型城市，不仅是昆明城市发展转型的内在要求，更是昆明探索城市可持续发展的积极实践，对于昆明率先建成小康社会，实现新常态下的经济转型升级具有重要意义。

【 1.1.2　引领滇中经济圈发展 】

随着国家城镇化和区域经济一体化发展战略的纵深推进，完善城市功能，发挥其集聚、辐射、带动作用，成为促进区域经济协调发展的重要内容。近年来，昆明经济综合实力不断增强，城市功能不断强化，在滇中经济发展中的集聚辐射带动作用日益凸显。昆明地区生产总值、工业增加值、第三产业增加值、地方财政一般预算收入、社会消费品零售总额及规模以上固定资产投资均占到云南总量的三分之一或接近三分之一，对云南的发展作出了重要贡献。但同时，生产要素的过度集中也造成了全省经济发展水平的失衡。昆明产业结构不够合理、产业层次偏低等问题日益突出，与国内先进发展地区相比还有较大差距，对滇中的辐射带动作用尚未得到很好的发挥。

加快推进昆明创新型城市建设，有利于提升昆明综合实力，引领滇中城市经济圈的综合竞争力与辐射带动能力，成为促进滇中经济增长的中心高地和增长中心，有效带动和影响滇中科技创新和经济发展，将滇中城市经济圈建成结构合理、功能互补、资源共享、整体效能最大化的新型城市群。滇中城市经济圈一体化也有利于带动滇池周边其他城市加快发展步伐，合理引导滇东南、滇西南、滇西北、滇东北城市发展布局。

【 1.1.3　支撑桥头堡战略 】

云南是我国通往东南亚和南亚的重要陆上通道，战略地位十分重要。把云南建成中国面向西南开放的桥头堡，是新时期推进我国陆上开放、提升沿边开放水平的重大战略部署。桥头堡战略的实施，突出了云南在国家对外开放战略中前沿性、重要性和带动性的作用。在云南加快桥头堡建设的 16 大目标中，成为面向西南开放的重要门户，建设从陆地上通往印度洋的战略大通道、我国沿边开放的试验区、西部地区重要的外向型特色产业基地，创建地区的重要经济增长基地、国家重要战略矿产资源接续区、生物资源开发创新基地等，给云南加快发展带来了千载难逢的历史机遇。目前，云南经济发展实力和对外开放产业体系还不能完全与桥头堡建设相配套，尤其是外向型产业竞争力较弱，不仅表现在产业结构层次较低、产业资源型特征突出、产业配套半径较大，还表现在新兴产业发展缓慢，特别是技术创新或者技术积累催生的战略性新兴产业发展滞后，在新兴产品市场缺乏竞争力，不能适应桥头堡经济前沿的要求，难以支撑起全国面向西南开放的桥头堡的功能。

加快推进昆明创新型城市建设，有利于更好地利用昆明和云南其他地区丰富的自然资源和已有的经济基础，充分发挥昆明在国际、国内区域合作中的区位优势，多方面挖掘云南的发展潜力，把昆明建设成为全国性物流节点城市和区域性国际物流中心，成为面向东南亚、南亚的国际创新和技术、人才交流区域中心，有力带动中国西南沿边经济社会发展的重要增长，支撑云南在区域发展和对外开放大格局中发挥应有的作用。

【1.1.4　落实创新型国家战略部署】

提高自主创新能力，建设创新型国家，是国家发展战略的核心和提高国家综合竞争力的关键，作为创新型国家基石的创新型城市建设是贯彻落实党中央、国务院关于增强自主创新能力、建设创新型国家战略部署的重要举措，也是加强国家创新体系和区域创新体系建设、推动城市创新发展的积极探索。在建设创新型国家过程中，需要培育一批特色鲜明、优势互补的国家创新型城市，形成若干区域创新发展增长极，以点带片、以片带面，最终在全国范围内实现多方面、多层次的创新驱动发展模式，推动中国进入创新型国家行列。

　　加快推进昆明国家创新型城市建设，是落实中国创新型国家发展战略的一部分，有利于在西南边陲建立一个创新优势明显、辐射带动力强的示范点，完善全国创新城市网络布局，推动西南地区快速融入国家创新发展轨道。

1.2　昆明建设国家创新城市的主要优势

【 1.2.1　区位优势明显 】

　　昆明是云南政治、经济和文化的中心城市，是连接省内外和国内外的交通枢纽，是面向东南亚、南亚国家开放前沿的桥头堡。在航运方面，已经投入使用的昆明长水国际机场是国家门户枢纽机场之一；在陆路交通方面，昆明处在南北国际大通道和以深圳为起点的第三座亚欧大陆桥交汇点，是中国面向东南亚、南亚、西亚乃至南欧等区域开放的桥头堡；昆明地处东盟 10+1 自由贸易区经济圈、大湄公河次区域经济合作圈、泛珠三角区域经济合作圈的交汇点，随着泛亚铁路和昆曼公路的打通，昆明的区位优势将进一步凸显。

【 1.2.2　西部省会城市中经济地位突出 】

在中国西部省会城市 [①] 中，广西的南宁偏于东部，其对东南的影响主要在东部及沿海地区。成都、西安等城市规模大，但距东南亚腹地地区较远。昆明人口已超过 700 万，经济实力不仅居云南首位，而且在西部省份中位列前茅，是中国西南-东南亚腹地经济圈的中心城市，随着中国与东南亚经贸往来的深化，其地位将日益突出。

2013 年，昆明的 GDP 达到 3415.31 亿元 [②]，在西部 11 个省会城市中排名第 3，仅次于成都的 9108.9 亿元和西安的 4884.13 亿元（图 1-1）。从产业结构来看，2013 年，昆明的三次产业的比重为 5.12 ∶ 45.01 ∶ 49.86，其第一产业的比重在西部 11 个省会城市中仅次于南宁，这是由于昆明位于云贵高原和低纬度地区，很少受寒潮影响，四季如春，这样优越的地理和气候环境有利于花卉种植业和蔬菜种植业等的发展。

[①] 云南昆明，四川省成都市，贵州省贵阳市，陕西省西安市，甘肃省兰州市，青海省西宁市，宁夏回族自治区银川市，广西壮族自治区南宁市，新疆维吾尔自治区乌鲁木齐市，内蒙古自治区呼和浩特市，西藏自治区拉萨市。

[②] 参见：《昆明统计年鉴 2014》。

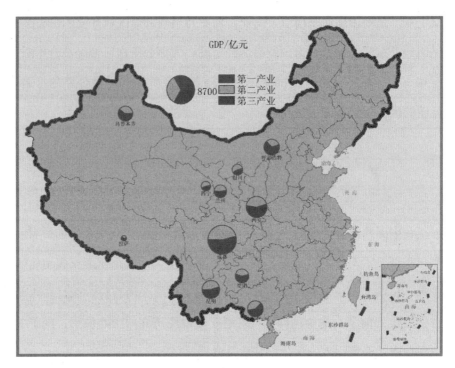

图 1-1　2013 年西部省会城市 GDP 及其构成示意图

全社会固定资产投资作为以货币表现的建造和购置固定资产活动的工作量，反映了一个国家或地区通过建造和购置固定资产的活动，创造新产值的能力。2013 年，昆明规模以上固定资产投资总额达到 2931.5 亿元，在西部 11 个省会城市中位列成都、西安和贵阳之后，排名第 4 位（图 1-2）。从反映地区的经济运行情况和地方政府的履职能力的地方财政收入来看，2013 年昆明地方财政公共预算收入为 450.75 亿元，在西部 11 个省会城市中排名第 3 位，仅次于成都的 898.5 亿元和西安的 501.98 亿元。

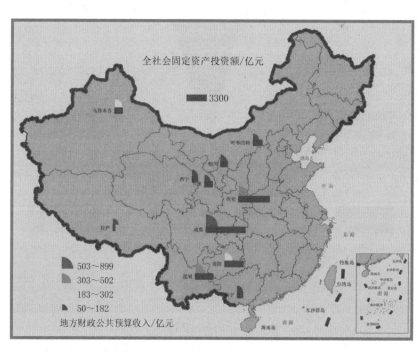

图 1-2　2013 年西部省会城市固定资产投资和财政收入示意图

【 1.2.3　特色优势产业壮大 】

依托云南有色金属和生物多样性自然资源，昆明大力发展特色优势产业，初步形成了有色和稀贵金属新材料、生物医药产业、装备制造产业等高新技术产业，以及花卉、旅游等特色产业（图 1-3）。这些产业已经成为昆明乃至云南经济发展的重要基础和支撑。

目前，昆明高新技术产业开发示范区已形成包括云南铜业股份有限公司（简称云铜股份）、贵研铂业股份有限公司（简称贵研铂业）等有色金属和稀贵金属新材料骨干企业和研究机构在内的有色及稀贵金属产业基地（图 1-4），有国家级企业技术中心和科研机构 6 个，省级企业技术

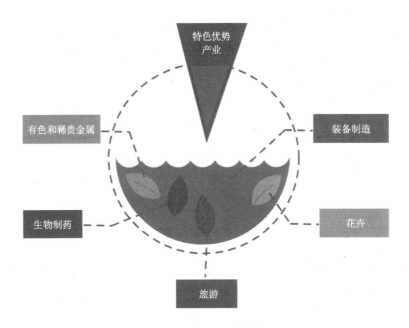

图 1-3　昆明特色优势产业

中心和科研机构 5 个，获得国家级、省部级科技成果奖项 200 余项，多项研发成果填补国内空白，居国内领先水平或国际先进水平，部分科技成果达到国际领先水平。经过近 20 年的发展，有色和稀贵金属产业已成为昆明高新区的重要产业之一。2012 年，有色和稀贵金属新材料产业实现工业产值 803 亿元，占园区工业总产值的 57%；云铜股份、云南锡业股份有限公司（简称云锡股份）、云南黄金矿业集团股份有限公司（简称黄金矿业）、贵研铂业等重点企业经济持续增长，云南临沧鑫圆锗业股份有限公司（简称云南锗业）也强势落户；2012 年，示范区内规模以上有色金属工业企业 71 家，参与示范的企业达到 17 家，占示范区全部企业数的 0.27%，拥有省级以上企业技术中心 11 家，示范产业销售收入 395 亿元，占整个示范区销售收入的 48.83%，出口创汇 5.5 亿美元。

图 1-4　昆明有色金属和稀贵金属新材料骨干企业和研究机构

近年来，云南生物产业取得长足发展，特别是大企业云集的昆明，在整个生物产业中占据很大比重，加之国家生物产业基地落户昆明高新区，使生物医药产业逐渐成为昆明科技创新集群最突出的产业之一。拥有　昆明国家生物产业基地　和　云药产业集群试点园区　的昆明高新区，目前已经聚集全省 80% 规模以上生物制药企业。基地引入了德国拜耳医药保健有限公司（简称拜耳药业）、以色列梯瓦 (TEVA) 制药工业有限公司等世界五百强企业及深圳华大基因科技有限公司（简称华大基因）、昆明高新达安医学检验所有限公司（简称达安医学检验等国内百强企业，聚集了云南白药集团股份有限公司（简称云南白药）、昆明制药集团股份有限公司（简称昆明制药）、沃森生物技术有限公司（简称沃森生物）、云南滇虹药业集团股份有限公司（简称滇虹药业）、昆明龙津药业股份有限公司（简称龙津药业）、中国医学科学院医学生物学研究所（简称中科医学生物所）、云南生物谷灯盏花药业有限公司（简称生物谷灯盏花药业）、云南植物药业有限公司（简称植物药业）、云药医药产业集团股份有限公司（简称云药集团）、云南生物制药有限公司（简称生物制药）等近200家国内知名企业（图1-5）。其中一些企业在生物医药产业取得新的突破，如沃森生物作为近年来新成长起来的生物疫苗生产基地，成功研发出 一针多效 的联合疫苗，同时沃森生物也是人用疫苗研发生产国际合作基地，是我国对外出口疫苗的重要生产基地，具有国内首个获得农业部认定的细菌多糖结合疫苗技术平台，其产业研发已经开始向血液及治疗性单克隆抗体方向延伸，具有很强的竞争潜力；昆明制药生产的降血压药占据国内市场份额的30%，全人工合成与天然天麻素等效的药物占据国内50%以上的市场份额；云南药物研究所应用气雾剂治疗乳腺增生为国际首创，其研制的凝胶剂填补云南医药制剂中的一项空白，等等。截至2012年年底，昆明从事生物产业的企业为1182家，工业产值为166亿元，其中规模以上医药制造业企业42家，工业总产值130.74亿元，增加值为48.39亿元，占全市工业增加值比重为4.80%，直接出口额为8240.7

图1-5 昆明知名生物制药产业

万美元。

昆明装备制造业以昆明云内动力股份有限公司（简称云内动力）、昆明中铁大型养路机械集团有限公司（简称昆明中铁集团）、昆明电缆集团股份有限公司（简称昆明电缆厂）、沈机集团昆明机床股份有限公司（简称昆明机床厂）、云南 CY 集团有限公司（简称 CY 集团）、云南昆钢重型装备制造集团有限公司（简称昆钢重装集团）等为主（图 1-6），包含了一系列从零件的铸、锻、加工到整套机械装配的装备制造业领军企业。另外还聚集了大量的装备制造科研机构，如云南机械设计研究所、云南农业机械研究所、昆明理工大学内燃机重点实验室等，为昆明装备制造行业提供了技术和人才储备。2012 年，昆明装备制造业实现工业产

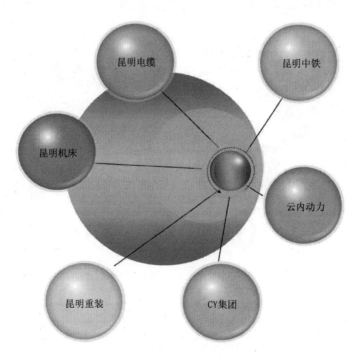

图 1-6　昆明主要装备制造企业

值 306.50 亿元，其中 28 家装备制造行业的高新技术企业实现新产品产值 88.77 亿元，工业增加值 33.96 亿元，进入昆明重点监测培育的企业达到 40 家，工业总产值 204.82 亿元。

昆明是全国规模最大的鲜切花生产基地和最具影响力的鲜切花集散中心及价格指导中心。据统计数据显示，2012 年云南产鲜切花种植面积达 16.9 万亩[①]，产量超过 71.8 亿枝，连续 19 年保持全国第一，其中三大切花康乃馨、玫瑰及百合种植规模分别占全国 67%、33% 与 20% 左右，另外洋桔梗、非洲菊等部分草本切花占绝对优势[②]（图 1-7），在全国占据举足轻重的地位，其产地价格已成为国内价格的风向标，具有很强的市场话语权。昆明鲜切花出口位于全国花卉出口前列，在日本、韩国、新加坡等亚洲国家市场占有率逐步扩大，在我国香港市场占有份额 40% 以

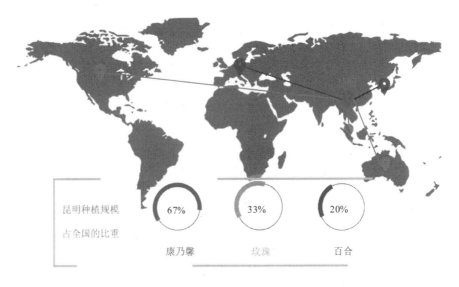

图 1-7　昆明花卉产业种植和销售概况

① 1 亩 =666.7 平方米。
② 参见：佚名 .2013. 云南鲜切花往年行情与今年走势预测 . 致富天地，4：74-76。

上。近年来昆明鲜切花在进一步开拓美国、英国、法国、德国、加拿大、澳大利亚、荷兰等欧美发达国家市场方面，取得了很大的进展。

拥有两千四百多年滇中文化史、一千二百四十多年建城史的昆明，具有独特的历史文化之美、高原风光之美和民族风情之美，是全国首批公布的 24 个历史文化名城之一。昆明虽位于北纬亚热带，但境内大多数地区夏无酷暑、冬无严寒，天气常如二三月，花枝不断四时春，鲜花常年开放，草木四季常青，自然风光秀丽，是一座气候宜人、春天永驻的城市，更是中国十大旅游热点城市之一，首批进入中国优秀旅游城市行列。2013 年昆明共计接待游客 5602.19 万人次，同比增长 19.34%；旅游总收入 515.89 亿元，同比增长 20.91%（图 1-8）。

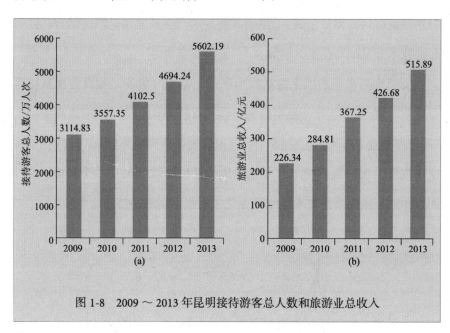

图 1-8　2009～2013 年昆明接待游客总人数和旅游业总收入

【 1.2.4 创新平台和基地建设成效明显 】

截至 2013 年年底[①]，昆明共有各级创新型企业 165 家，其中国家级 10 家；各级企业技术中心 275 家，其中国家级 15 家；省级以上工程技术中心 87 家，其中国家级 4 家；各级科技企业孵化器 20 个，其中国家级 7 个；各级重点实验室 55 家，其中国家级 4 家；各级创新团队 137 个，其中国家级 6 个。

为加快推进我国特色新型工业化进程，自 2009 年起，国家工业和信息化部在全国组织开展国家新型工业化产业示范基地创建工作。截至 2013 年，全国共有 266 个基地入选，云南共有 7 家入选，昆明入选 3 家，分别是新材料（稀贵金属） 昆明高新技术产业开发区、军民结合 昆明经济技术开发区与化工（磷化工） 云南安宁市。

昆明在高水平的国家级高技术产业化基地（集群）建设方面取得明显成效。截至 2013 年，昆明已拥有获得科技部认定的 国家级高新技术（现代服务业）产业化基地 8 个、国家级创新型产业集群 1 个（图 1-9）。这不仅使昆明的高新技术产业化基地数量位居西部第一、全国第 10 位，而且加速了昆明高新技术成果产业化，增强了区域经济核心竞争力。

【 1.2.5 生态环境良好 】

近年来，昆明环保投资额不断增长，从 2009 年的 91.13 亿元上升到

---

① 参见：《2014 年昆明科技统计分析》。

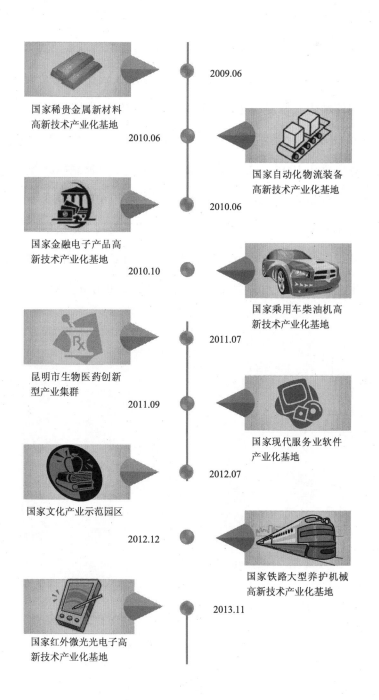

图 1-9　昆明国家级高新技术产业基地（集群）

2013 年的 182.39 亿元^①（图 1-10），实现翻番。围绕滇池治理六大工程，已完成投资 88.6 亿元。截至 2012 年，已经建成或在建 11 个湿地公园，使得滇池流域生态修复与建设顺利推进，增加滇池水域面积 11.5 平方公里。万元 GDP 综合能耗下降至 2013 年的 0.99 吨标准煤，城市空气质量优良天数保持在 100%，优质天数达到 117 天，空气质量状况各项指标均低于国家二级标准，指标城市污水处理率达到 99.61%。2013 年，昆明启动实施滇池治理 三年行动计划，共埋设截污管网 153 公里；第九、第十污水处理厂及主城 10 个调蓄池通水运行；拆除环湖路内大棚 1055 亩，新建设生态堤埂 23 公里，完成盘龙江清淤除障 30 万立方米。

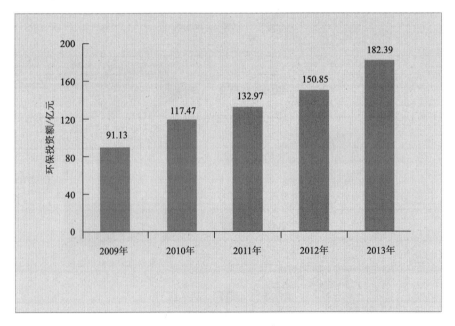

图 1-10　昆明环保投资额

① 参见：2008 ～ 2013 年昆明环境状况公报。

截至 2013 年，环境治理已取得阶段性效果[①]，2013 年，滇池外海水体透明度上升 4.88%，草海、外海综合营养状态指数分别下降 0.86% 和 1.2%。阳宗海湖体水质保持稳定。全市集中式饮用水源地水质稳定达标。滇池流域 五采区 [②] 植被修复 8184 亩，市级退耕还林 20.4 万亩，新增城市绿地 1028 公顷，森林覆盖率从 2009 年的 45% 上升到 2013 年的 48%，人均绿地公共绿化面积从 2009 年的 11.5 平方米上升到 2012 年的 14.3 平方米，荣获 国家森林城市 称号。完成节能减排重点项目 196 个，1000 辆节能与新能源汽车投入运行。主城区空气质量优良天数达 333 天。

1.3 昆明建设国家创新型城市的主要制约因素

【 1.3.1 科技创新投入偏低 】

昆明 R&D 经费投入总量虽然逐年增长，但 2013 年昆明 R&D 经费投入总量仅为 51.74 亿元。西安、成都作为西部省会标杆城市，同年西安 R&D 经费投入为 256.77 亿元，成都 R&D 经费投入为 201.7 亿元。昆明

---

① 参见：《2014 年昆明政府工作报告》。
② 五采是指采石、采矿、采土、采沙、采小砖窑。

R&D 经费投入只有西安的 1/5，成都的 1/4，存在较大的差距。不仅如此，与全国平均水平相比，昆明近几年的研发强度始终低于国家平均水平 0.3 到 0.6 个百分点（图 1-11）。这反映出昆明创新基础能力薄弱，科研经费投入较少，创新源头不足。

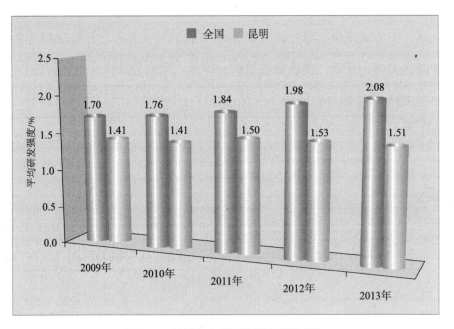

图 1-11　昆明与全国平均研发强度对比

2012 年，昆明财政科技投入达到 9.7 亿元，虽然已经超过了西安的 5.9 亿元，但与成都的 19.1 亿元还存在巨大的差距。从地方财政科技投入占地方财政支出的比重来看，2009 年以来昆明一直远低于全国平均水平（图 1-12），这显然与昆明作为云南会和西南地区中心城市的地位并不相符。

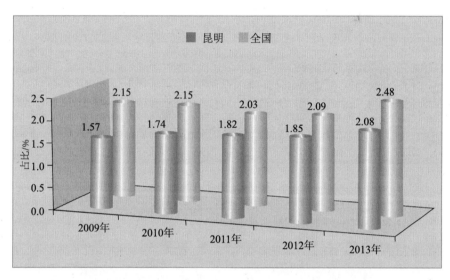

图 1-12　昆明与全国地方财政科技投入占财政支出比重

【 1.3.2　企业自主创新能力不强 】

　　企业办科技机构是指企业设立的独立或非独立的具有自主研发能力的技术创新组织载体。企业办科技机构是企业技术创新的基础平台，是全面提高企业自主创新能力的中坚力量。昆明规模以上企业中，有科技机构企业的比重一直偏低，近几年维持在 15% 左右（图 1-13），略高于全国平均水平的 14.7%。

　　2013 年，昆明规模以上工业企业研发经费投入为 26.1 亿元，远远低于西安的 79.6 亿元和成都的 49.3 亿元，这说明昆明企业的创新投入偏低，自主创新能力与创新意识都有待进一步提高。从规模以上工业企业的研发强度来看，2009 年以来昆明还一度出现下降的趋势，直到 2012 年才有所回升，但 2013 年仍低于 2009 年的 0.64%（图 1-14）。此外，与

图 1-13 2009～2013 年昆明规模以上工业企业数与企业办科技机构数

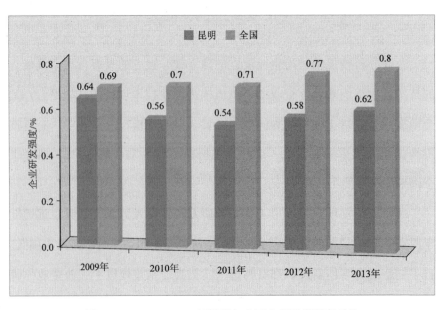

图 1-14 2009～2013 年昆明与全国企业研发强度对比

全国平均水平相比，昆明规模以上工业企业研发强度一直低于全国平均水平，并且还呈现出差距逐步拉大的趋势。

2012 年，昆明高新区高新技术企业数仅为 248 家，不仅远低于成都、西安等西部区域中心，而且还低于南宁、贵阳等西南相邻省份的省会城市，甚至乌鲁木齐高新区高新技术企业数都要略高于昆明[①]（图 1-15）。从高新区工业总产值来看，2012 年昆明高新区工业总产值为 995.32 亿元，尽管超过了南宁、乌鲁木齐等西部省会城市，但和西安的 4284.76 亿元、成都的 3320.03 亿元相差甚远，比贵阳也略低。

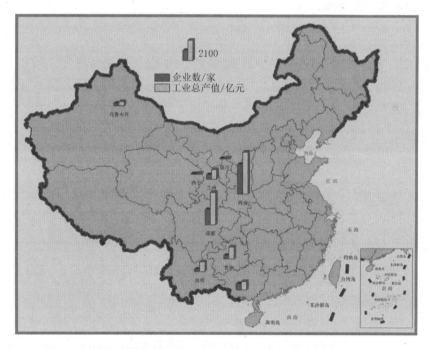

图 1-15   部分西部省会城市高新区高技术产业概况示意图（2012 年）

---

① 呼和浩特、拉萨无高新技术产业开发区。

【 1.3.3　科技创新平台建设滞后 】

从科技创新平台和基地来看，截至2013年，昆明拥有的国家级重点实验室只有4个，虽然比贵阳和南宁高，但远远低于西安的27个和成都的10个；昆明拥有的国家级工程技术研究中心为4个，还不及成都的一半；昆明拥有的国家级科技企业孵化器为7个，低于西安的10个（图1-16）。高级别科技创新平台和基地建设滞后，尚未形成有效支撑企业技术创新的体系，不但对促进企业技术创新具有不利影响，对昆明的产业发展也难以形成有效支撑。

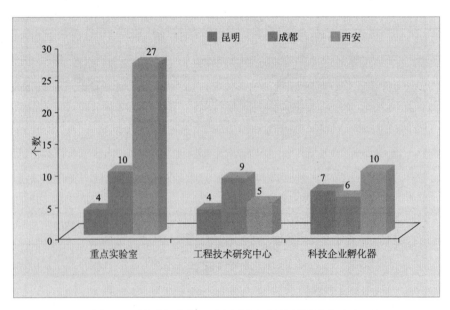

图1-16　昆明与成都、西安国家级科技创新平台对比

【1.3.4　高层次人才缺乏】

　　高层次创新型人才是创新型城市的先决条件之一。高层次创新型人才是具有研究、开发创新能力的复合型人才。近年来，昆明启动了高层次人才创新创业的　三五工程　和　551 计划　，近 4 年已经引进高端人才 62 名。与成都相比，昆明在高端人才引进力度上还存在较大差距。仅成都高新区 2012 年就新增高层次人才 160 人，2011 ～ 2012 年累计引进高层次人才超过 1000 人，其中引进海外留学高层次创新创业人才 682 人、国家　千人计划　13 人、四川省　百人计划　56 人、成都人才计划　57 人。

　　在高端人才方面，昆明更是稀缺，截至 2013 年昆明仅有两院院士 8 名，而成都达到 36 人，西安更是达到 59 人。高端人才、产业发展领军人才的稀缺，已经成为制约昆明科技创新发展的重要因素。

2

昆明创新型试点城市发展现状

2.1 创新发展战略

【2.1.1 营造有利于创新的环境】

昆明市委、市人民政府高度重视创新型城市建设，2006年市第九次党代会作出努力建设创新型城市的重大部署，此后制定实施了《昆明市科学技术进步与创新条例》[①]《中共昆明市委昆明市人民政府关于增强自主创新能力，建设创新型城市的决定》《昆明市贯彻建设创新型云南行动计划实施方案》等法规及相关文件（图2-1），并对昆明建设创新型城市工作做出具体安排。此后，昆明还先后制定了一系列促进创新活动的政策，内容涵盖了促进科技进步与创新、专项资金管理、中小企业发展、人才引进和培育、知识产权工作、特

---

① 昆明第一部科技进步与创新法规，于2009年1月1日正式施行。

色产业发展、节能减排等方面。这些法规与政策文件在昆明 转方式、调结构、兴产业、惠民生 等方面发挥了重要作用，在经济社会发展中的支撑引领作用日益凸显。昆明先后摘取了 国家创新型试点城市 全国科技进步先进市 国家知识产权示范城市 ，以及 2011 年度、2012 年度 中国十大创新型城市 等一系列国家级名片。

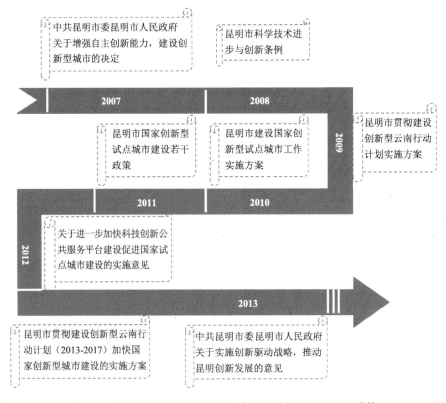

图 2-1　昆明出台的与创新型城市建设有关的主要法规及政策

【2.1.2　打造创新平台和基地】

　　创新平台作为创新的重要载体，也是人才培养的重要载体，加快创新平台建设，对加快创新驱动发展具有重要的意义。其中，科技创新平台则是开展科技创新活动与培养科技人才的重要载体。近年来昆明始终把提高科技创新能力作为提升城市发展综合竞争力的主要抓手，加大科技创新公共服务平台建设，使得昆明科技创新平台建设步入快速发展轨道。截至 2013 年，昆明科技创新平台建设取得明显成效，见图 2-2。

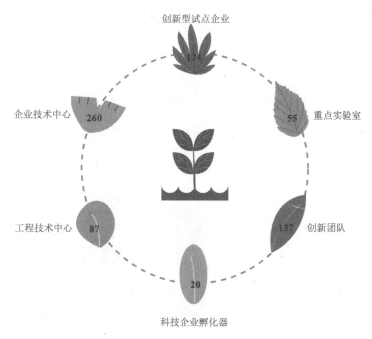

图 2-2　昆明拥有的各类各级创新平台

2.2 创新投入

昆明自开展国家创新型试点城市建设以来，不断加大 R&D 经费投入力度，2009～2013 年，昆明全社会 R&D 经费从 25.95 亿元迅速增长到 51.74 亿元（图 2-3），年均增长 18.83%；全社会 R&D 人员从 22 195 人增加到 30 408 人，年均增长 8.19%。同时期，昆明全社会 R&D 研发强度（即全社会 R&D 经费投入与国内生产总值之比）也从 1.41% 上升到 1.51%，5 年间提高了 0.1 个百分点。

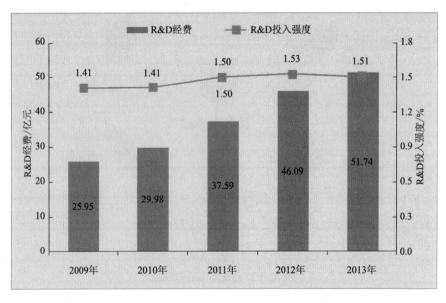

图 2-3　2009～2013 年昆明全社会 R&D 经费和投入强度

从地方财政科技投入来看，昆明财政科技支出从 2009 年的 4.25 亿元迅速增长到 2013 年的 12.17 亿元（图 2-4），5 年间增长了 186.4%，年均增速高达 30.1%。在此期间，昆明财政科技支出占财政支出的比重从 1.57% 上升到 2.08%，提高了 0.51 个百分点。

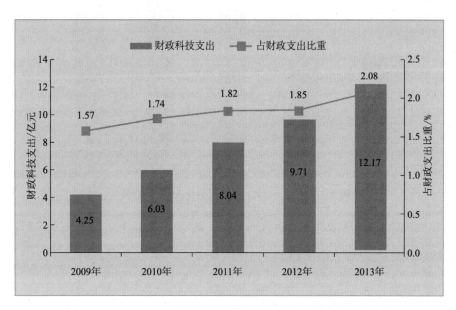

图 2-4   2009 ～ 2013 年昆明财政科技支出及其占财政支出的比重

从企业 R&D 活动的经费投入来看，昆明企业 R&D 经费从 2009 年的 9.48 亿元快速增长到 2013 年的 31.23 亿元，5 年间年均增长达 34.72%（图 2-5）。

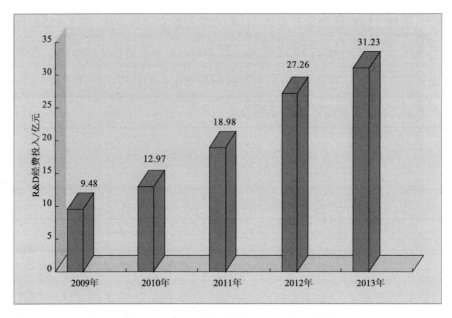

图 2-5　2009 ～ 2013 年昆明企业 R&D 经费投入

从企业 R&D 活动的人员投入来看，2009 ～ 2012 年，昆明企业 R&D
活动人员从 5906 人增加到 11 803 人（图 2-6），年均增长 25.9%。

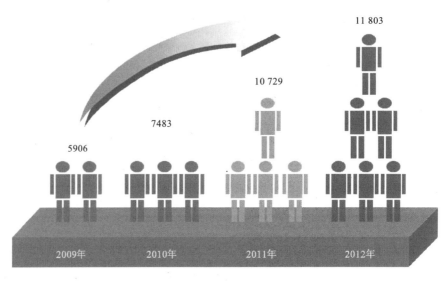

图 2-6　2009 ～ 2012 年昆明企业 R&D 活动人员

　　为了实现科技资源与金融资源的有效对接，昆明通过搭建科技金融合作平台，优选科技企业资源并加以培育，推动创业投资机构、银行、券商和保险机构等创新金融产品及服务模式，形成多元化、多层次、多渠道的科技投融资体系，为创新型城市建设提供重要保障。2012 年，昆明银行科技贷款取得新突破，从前几年的不足 1 亿元增加到 11.99 亿元（图2-7）。

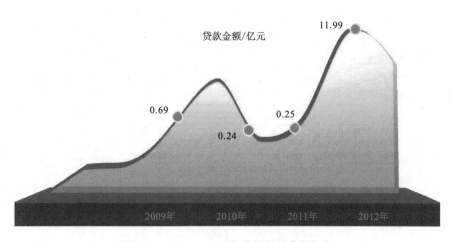

图 2-7　2009 ～ 2012 年昆明科技贷款金额

2.3　创 新 成 果

　　在创建创新型城市建设试点过程中，昆明在立足现有基础和突出地方特色的基础上，从体制机制改革、产业结构优化升级、科技教育事业发展、创新基础设施建设、对外开放合作等方面对自主创新进行全面部署，取得了阶段性成果。

从创新的直接成果来看，昆明专利授权数从 2009 年的 1941 件快速增长到 2013 年的 4321 件，5 年内专利授权数量实现翻番（图 2-8）。其中，发明专利授权数从 2009 年的 365 件增长到 2013 年的 900 件，年均增速达 25.3%。

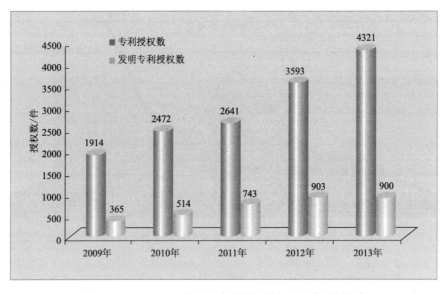

图 2-8　2009 ～ 2013 年昆明专利授权数与发明专利授权数

伴随着专利授权数的增加，昆明技术交易也日益活跃。2009 ～ 2013 年，昆明技术交易合同数从 1018 项增加到 3093 项，技术交易合同成交金额也从 7.32 亿元增长到 43.67 亿元，年均增长 56.3%（图 2-9）。

图 2-9　2009～2013 年昆明技术交易情况

依托云南有色金属和生物多样性的资源优势，昆明走出了一条特色高技术产业发展之路。在有色金属、贵金属、稀贵金属等领域，昆明目前已形成了集采选、冶炼、精深加工、循环回收利用和研发为一体的完整产业价值链。在生物和医药产业领域，昆明目前已形成涉及三七、天麻、普洱茶、虫草等具有地区资源优势的生物产业。2012 年，昆明高技术产业从业人员达到 3.18 万人，主营业务收入达到 239.4 亿元（图 2-10），分别比 2009 年增长了 24% 和 82%。

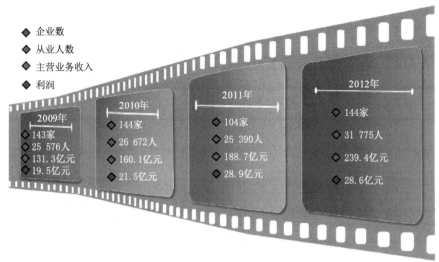

图 2-10 2009～2012 年昆明高技术产业状况

为鼓励企业开展节能技术改造，2009 年以来，昆明每年新增 2000 万元资金作为全市节能减排专项配套资金，重点用于国家和省节能减排专项资金配套、节能减排技术改造、落后产能淘汰退出补助、节能减排表彰奖励、节能减排产品及工艺技术研发和推广应用、清洁生产的扶持等。这些措施取得了明显的成效，昆明单位 GDP 综合能耗从 2009 年的 1.20 吨标准煤／万元下降到 2013 年的 0.99 吨标准煤／万元（图 2-11），年均下降 4.9%。

图 2-11 2009～2013 年昆明万元 GDP 综合能耗

3

昆明与其他创新型
试点城市比较

为了全面监测昆明建设创新型城市的进展状况，根据科技部制定的国家创新型试点城市监测指标体系，将昆明与我国内地其他 29 个省会城市及副省级城市放在同一平台进行比较，结合以便找出存在的不足和差距，总结取得的成绩加以推广 [①]。

3.1 创新型城市建设的基础条件

创新活动需要及可利用的各类资源，包含创新人才资源、创新财力资源、创新物力资源和创新知识资源四种基本形态；创新城市建设需要完善的基础条件。从全球来看，公认的创新型城市往往具有较强的综合

[①] 其他 29 个省会城市和副省级城市分别是石家庄、太原、呼和浩特、沈阳、大连、长春、哈尔滨、南京、杭州、宁波、合肥、福州、厦门、南昌、济南、青岛、郑州、武汉、长沙、广州、南宁、海口、成都、贵阳、西安、兰州、西宁、银川、乌鲁木齐，均为国家创新型试点城市。省会城市拉萨目前还不是创新型试点城市。

实力和较大的人口规模。本书从 GDP（国内生产总值）、受大专及以上
教育人口数和城市环境三个方面来考察城市基础条件。

GDP 指按市场价格计算的一个国家（或地区）所有常住单位在一定
时期内生产活动的最终成果。从图 3-1 可见，2012 年经济实力较强的创
新型试点城市在东部地区较为集中，中西部地区只有成都和武汉的经济
规模较大。

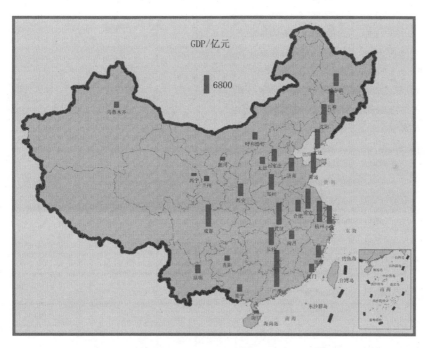

图 3-1　创新型试点城市的 GDP 示意图（2012 年）

图 3-2 是 2012 年创新型试点城市 GDP 排序。从图 3-2 可见，2012
年创新型试点城市中，广州 GDP 最高，达到 13 551 亿元，成都和武汉
分别以 8139 亿元和 8004 亿元位列第 2 和第 3 位。2012 年昆明 GDP 为

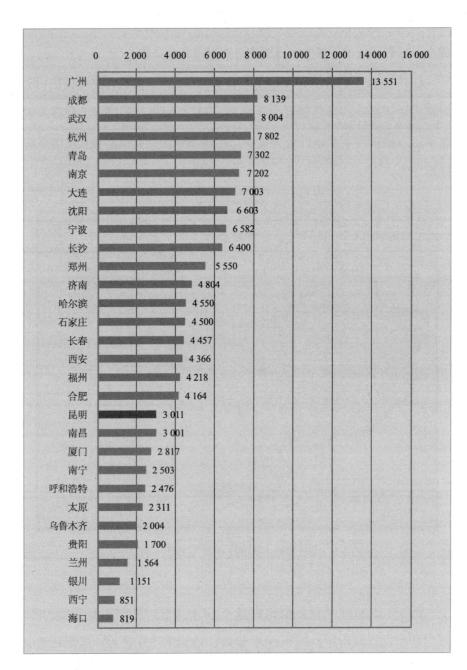

图 3-2　创新型试点城市 GDP 排序（2012 年）

3011 亿元，在西部省会城市中低于成都与西安（4366 亿元），在 30 个创新型试点城市中排名第 19 位。

人均 GDP 是衡量一个城市经济发展水平的重要指标。从图 3-3 可见，尽管中西部地区大部分创新型试点城市的经济总量远不如东部地区，但在人均 GDP 上与东部地区的差距并没有那么大，一些中西部创新型试点城市（如呼和浩特、乌鲁木齐、长沙、武汉）的人均 GDP 超过了东部地区很多城市。

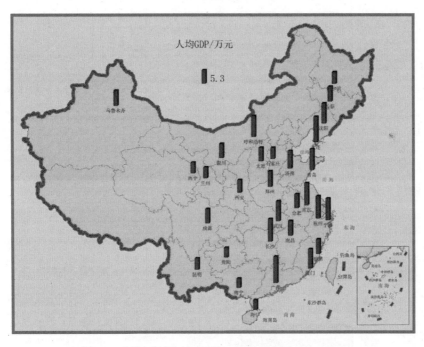

图 3-3 创新型试点城市人均 GDP 示意图（2012 年）

图 3-4 是 2012 年创新型试点城市人均 GDP 排序。从图 3-4 可见，2012 年创新型试点城市中，广州人均 GDP 最高，达到 105 909 元，大连、长沙人均 GDP 次之，分别达到 102 216 元和 89 903 元。2012 年昆明人均

GDP 为 46 256 元。西部省会成都与西安均高于昆明，分别达到 57 624 元与 51 086 元。2012 年昆明人均 GDP 不到广州的一半，在 30 个创新型试点城市中排名第 23 位。

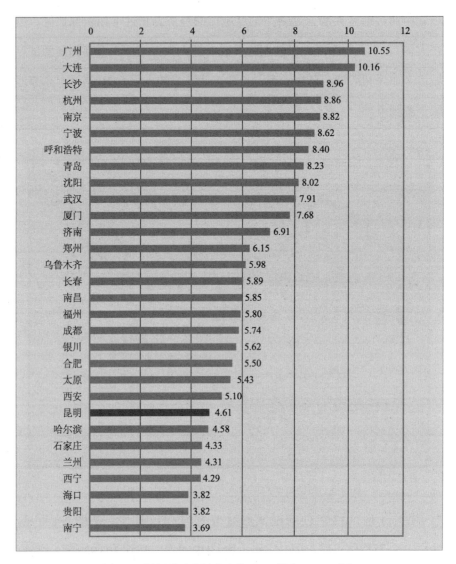

图 3-4　创新型试点城市人均 GDP 排名（2012 年）

受大专及以上教育人口^①指常住人口中拥有大专及以上学历的人，它是衡量一个城市人口素质的重要指标。从图 3-5 可见，每万人拥有的受大专及以上教育人口数在 1927～2618 人的多为中东部地区的创新型试点城市，西部地区只有西安和乌鲁木齐处在这一区间。

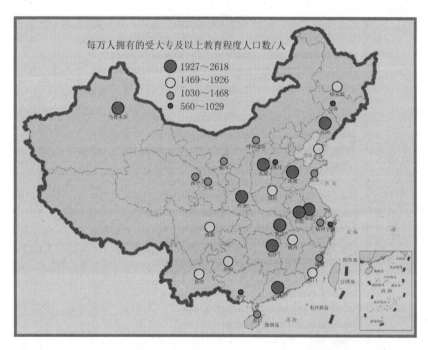

图 3-5　创新型试点城市每万人拥有的受大专及以上教育人口数示意图（2012 年）

图 3-6 是 2012 年创新型试点城市每万人拥有的受大专及以上教育人口数排序。从图 3-6 可见，2012 年创新型试点城市中，南京每万人拥有的受大专及以上教育人口数最高，达到 2618 人；武汉、太原次之，每万人拥有的受大专及以上教育程度人口数分别为 2436 人和 2322 人。2012

---

①　该指标解释参考科技部发布的城市创新能力指数相关指标。

年昆明每万人拥有的受大专及以上教育程度人口数人为1557，低于西安的2200人，也略低于成都的1652人，在30个创新型试点城市中排名第17位。

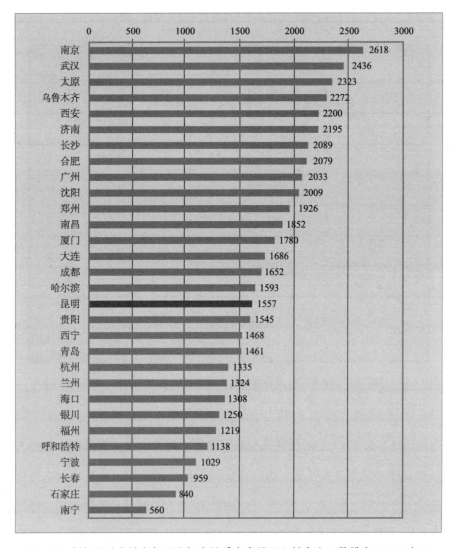

图3-6　创新型试点城市每万人拥有的受大专及以上教育人口数排序（2012年）

　　宜居的城市环境既是创新的基础条件，也是实施创新驱动发展战略的目的之一。从图 3-7 可见，2012 年各创新型试点城市的环境指数^①都不高，均在 80% 以下，但中西部地区一些创新型试点城市的环境要明显好于东部西区。

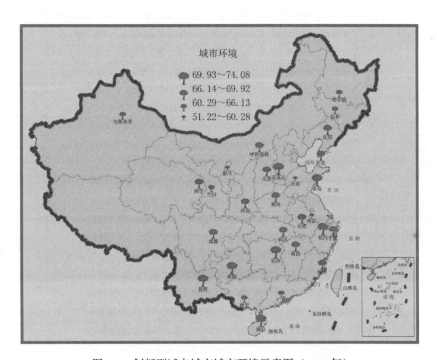

图 3-7　创新型试点城市城市环境示意图（2012 年）

　　图 3-8 是创新型试点城市城市环境排序。从图 3-8 可见，创新型试点城市中环境最好的是海口，其环境指数也只有 74.08%。2012 年昆明的环境指数为 73.81%，仅次于海口，在 30 个创新型试点城市中排名第 2 位。

---

　　①　城市环境综合指数包括空气质量达到二级以上的天数占全年比重、城镇生活污水处理率和生活垃圾无害化处理率和工业二氧化硫去除量占产生量的比重四个方面的情况。计算公式：(空气质量达到二级以上的天数占全年的比重＋污水集中处理率＋生活垃圾无害化处理率＋工业二氧化硫去除量占产生量的比重)/4。

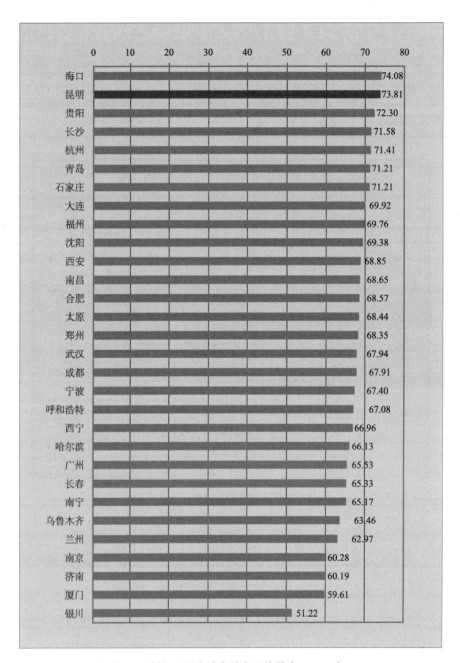

图 3-8　创新型试点城市城市环境排序（2012 年）

3.2　创 新 投 入

　　创新资源的投入是创新活动的重要基础。创新投入主要包括创新人员的投入和创新资金的投入。本书从全社会 R&D 经费支出、企业 R&D 经费支出、科学技术财政支出占财政支出和 R&D 人员数四个方面来考察试点城市的创新投入。

　　全社会 R&D 经费支出是指统计年度内全社会实际用于基础研究、应用研究和试验发展的经费支出，反映了一个国家或地区的科技发展水平。从图 3-9 可见，全社会 R&D 经费支出在第一梯队（171 亿～ 263 亿元）和第二梯队（104 亿～ 170 亿元）的多为中东部地区的创新型试点城市，西部地区只有西安与成都分别处在第一和第二梯队。

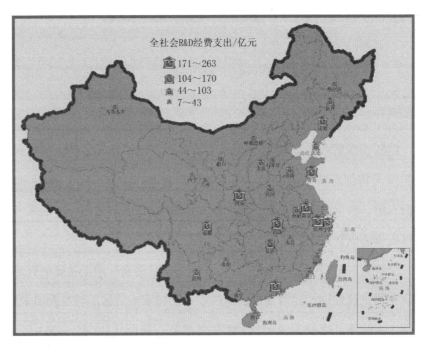

图 3-9　创新型试点城市全社会 R&D 经费支出示意图（2012 年）

图 3-10 是 2012 年创新型试点城市全社会 R&D 经费支出排序。从图 3-10 可见，2012 年创新型试点城市中，广州全社会 R&D 经费支出最高，达到 262.9 亿元，杭州和西安紧随其后，分别达到 228.0 亿元和 224.7 亿元。2012 年昆明全社会 R&D 经费支出为 46.1 亿元，在西部省会城市中低于西安（224.7 亿元）与成都（170.2 亿元），但高于兰州（29.0 亿元）、南宁（28.4 亿元）和贵阳（21.2 亿元），在 30 个创新型试点城市中排名第 19 位。

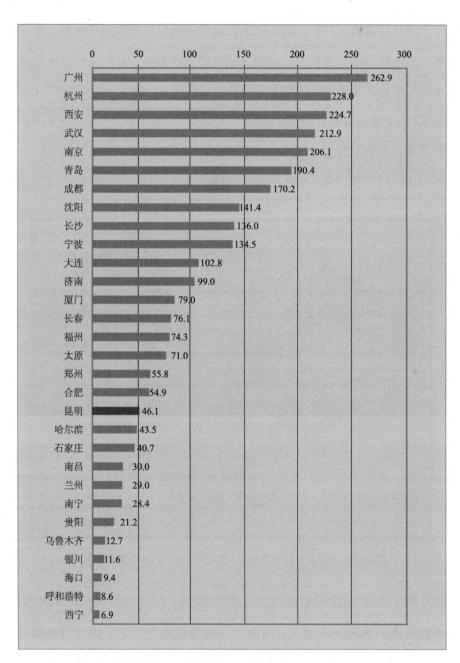

图 3-10　创新型试点城市全社会 R&D 经费支出排序（2012 年）

全社会 R&D 经费支出占 GDP 的比重是国际通用的用于衡量一个国家或地区科技活动规模及科技投入强度的重要指标,在一定程度上反映出国家或地区经济增长的潜力和可持续发展能力。如图 3-11 所示,全社会 R&D 经费支出占 GDP 的比重在第一梯队(2.15% ~ 5.11%)的主要是东部地区的创新型试点城市,中部地区只有武汉和太原处在这一区间,西部地区则仅有西安的全社会 R&D 经费支出占 GDP 的比重超过 2.15%。

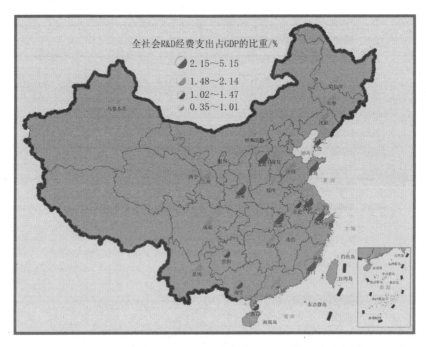

图 3-11　创新型试点城市全社会 R&D 经费支出占 GDP 的比重示意图(2012 年)

图 3-12 是 2012 年创新型试点城市全社会 R&D 经费支出占 GDP 的比重排序。从图 3-12 可见,2012 年创新型试点城市中,西安的全社会 R&D 经费支出占 GDP 的比重最高,为 5.15%。全社会 R&D 经费投入强度较高的城市还有杭州(2.92%)、南京(2.86%)等高校和科研机构比较

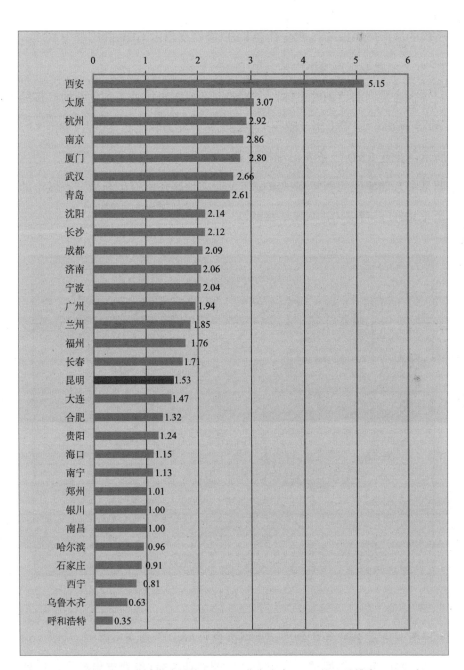

图 3-12 创新型试点城市全社会 R&D 经费支出占 GDP 的比重排序（2012 年）

密集的城市。2012 年昆明全社会 R&D 经费支出占 GDP 的比重为 1.53%，在 30 个创新型试点城市中排名第 17 位。

企业是创新活动的主体，企业的创新投入直接关系到创新的经济绩效。企业 R&D 经费支出反映一个企业的科技实力和核心竞争力。如图 3-13 所示，企业 R&D 经费支出规模在第一梯队（89.3 亿～ 158.2 亿元）的主要是中东部地区的创新型试点城市，西部地区还没有创新型试点城市的企业 R&D 经费支出进入第一梯队。

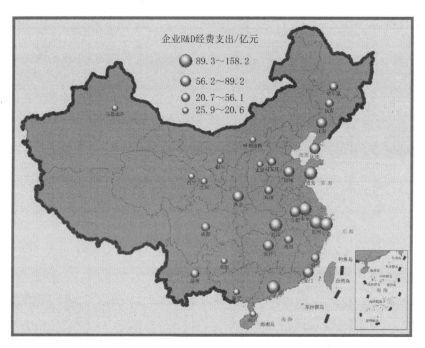

图 3-13　创新型试点城市企业 R&D 经费支出示意图（2012 年）

图 3-14 是 2012 年创新型试点城市企业 R&D 经费支出排序。从图 3-14 可见，2012 年创新型试点城市中，广州企业 R&D 经费支出最高，达到 158.2 亿元，青岛和杭州位列第 2 位和第 3 位，分别达到 146.8 亿元和

143.5 亿元。2012 年昆明企业 R&D 经费支出为 20.6 亿元，在西部省会城市中低于西安（79.6 亿元）与成都（49.3 亿元），在 30 个创新型试点城市中排名第 21 位。

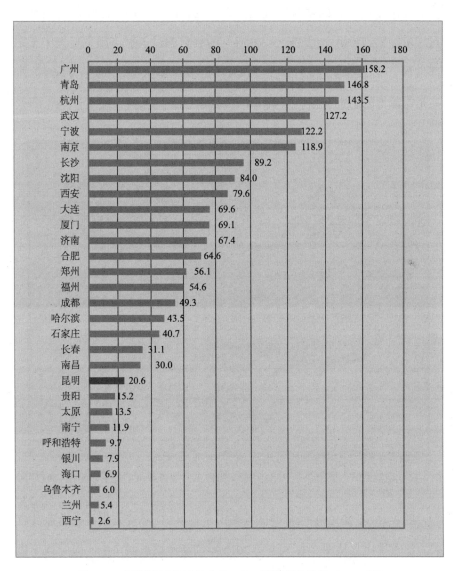

图 3-14 创新型试点城市企业 R&D 经费支出排名（2012 年）

　　企业 R&D 经费支出占主营业务收入的比重是衡量企业科技创新投入强度的一个重要指标。从图 3-15 可见，企业 R&D 经费支出占主营业务收入的比重可分为四个梯队，第一梯队（1.07% ～ 1.54%）既有厦门、武汉等中东部地区的创新型试点城市，也有西安等西部地区的创新型试点城市，第二梯队（0.73% ～ 1.06%）的创新型试点城市则主要集中于东部地区，第三梯队（0.37% ～ 0.72%）和第四梯队（0.24% ～ 0.36%）主要是西部地区的创新型试点城市。

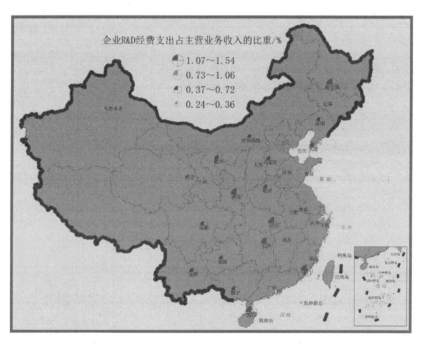

图 3-15　创新型试点城市企业 R&D 经费支出占主营业务收入的比重示意图（2012 年）

　　图 3-16 是 2012 年创新型试点城市企业 R&D 经费支出占主营业务收入的比重排序。从图 3-16 可见，2012 年创新型试点城市中，厦门该项指标值最高，为 1.54%。西安市、海口市和武汉市紧随其后，企业 R&D 经

费支出占主营业务收入的比重分别达到 1.42%、1.36% 和 1.32%。2012 年
昆明企业 R&D 经费支出占主营业务收入的比重为 0.58%，在 30 个创新
型试点城市中排名第 20 位。

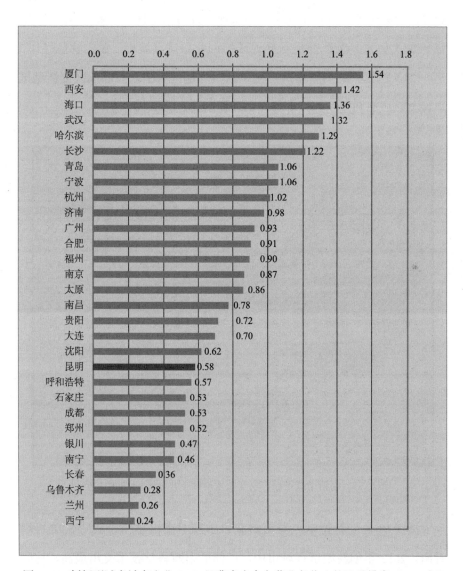

图 3-16　创新型试点城市企业 R&D 经费支出占主营业务收入的比重排序（2012 年）

　　财政科学技术支出是指用于科学技术方面的支出，包括科学技术管理事务、基础研究、应用研究、技术研究与开发、科技条件与服务、社会科学、科学技术普及、科技交流与合作等。从图 3-17 可见，2012 年创新型试点城市的财政科学技术支出规模可分为四个梯队，第一梯队（24.6 亿～ 52.1 亿元）全部都是东部地区的创新型试点城市，第二梯队（15.3 亿～ 24.5 亿元）的创新型试点城市以中部地区为主，西部地区创新型试点城市除成都和昆明外，都处在第四梯队（1.2 亿～ 7.5 亿元）。

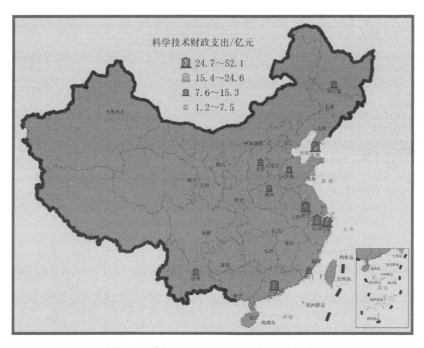

图 3-17　创新型试点城市科学技术财政支出示意图（2012 年）

　　图 3-18 是创新型试点城市财政科学技术支出排序。从图 3-18 可以看出，2012 年创新型试点城市中，广州的财政科学技术支出最高，达到 52.1 亿元，杭州和大连分别以 40.2 亿元和 39.3 亿元位列第 2 和第 3 位。

2012 年昆明财政科学技术支出为 9.7 亿元，在西部省会城市中远低于成都（19.1 亿元），在 30 个创新型试点城市中排名第 16 位。

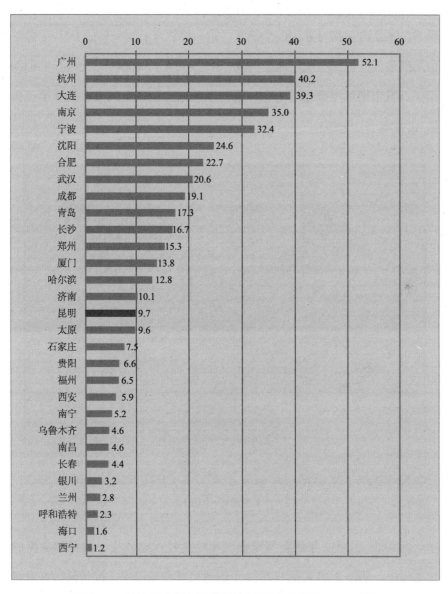

图 3-18　创新型试点城市科学技术财政支出排序（2012 年）

财政科学技术支出占财政支出的比重在一定程度上反映了一个城市所处的经济社会发展阶段和财政状况，也在一定程度上体现出地方政府对科技创新的重视程度。从图 3-19 可见，2012 年创新型试点城市的财政科学技术支出规模可分为四个梯队，第一梯队（3.23% ～ 5.11%）主要是由东部地区的创新型试点城市构成，第二梯队（2.00% ～ 3.23%）的创新型试点城市则以中部地区为主，西部地区创新型试点城市多处于第三梯队（1.00% ～ 1.99%）。

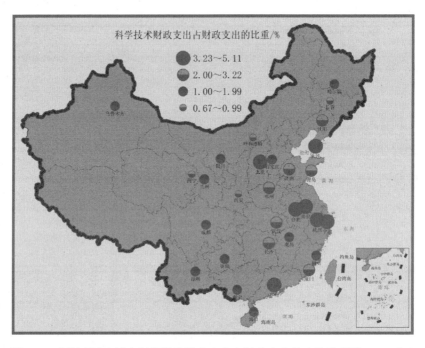

图 3-19　创新型试点城市科学技术财政支出占财政支出的比重示意图（2012 年）

图 3-20 是 2012 年创新型试点城市科学技术财政支出占财政支出的比重排序。从图 3-20 可见，2012 年创新型试点城市中，杭州科学技术财政支出占财政支出的比重最高，为 5.11%；另有两个城市的比重也较高，

分别是南京（4.55%）和大连（4.41%）。2012 年昆明科学技术财政支出占财政支出的比重为 1.85%，在 30 个创新型试点城市中排名第 18 位。

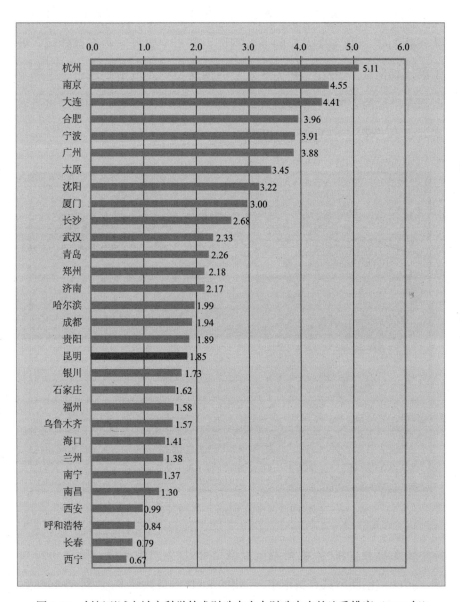

图 3-20　创新型试点城市科学技术财政支出占财政支出的比重排序（2012 年）

　　创新活动离不开广大的 R&D 人员。企业经济效益的增长、市场生存能力的提高、产品研发能力的增强一定程度上都依赖于 R&D 人员的创新活动。如图 3-21 所示，2012 年 R&D 人员规模进入第一梯队（49 890 ～ 85 464 人）的创新型试点城市主要分布在东部地区，处于第二梯队（29 997 ～ 49 889 人）的创新型试点城市则以东、中部及西部先进地区为主，大多数西部地区及部分东、中部地区创新型试点城市处于第三梯队（12 286 ～ 29 996 人）。

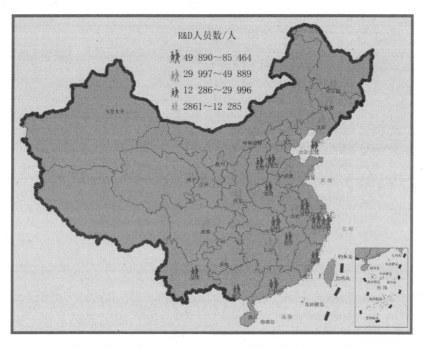

图 3-21　创新型试点城市 R&D 人员数示意图（2012 年）

　　图 3-22 是 2012 年创新型试点城市 R&D 人员数排序。从图 3-22 可见，2012 年创新型试点城市中，广州的 R&D 人员数最多，达到 85 464 人，杭州和南京分别以 69 156 人和 64 784 人位列第 2 和第 3 位。2012 年昆明

的 R&D 人员数为 28 187 人，在西部省会城市中低于西安（41 094 人）和
成都（37 477 人），在 30 个创新型试点城市中排名第 17 位。

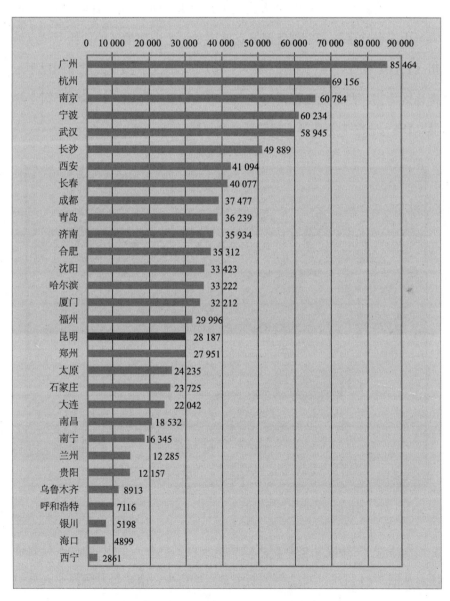

图 3-22　创新型试点城市 R&D 人员数排序（2012 年）

　　每万名就业人员中 R&D 人员数是衡量一个国家或地区科技人员规模及科技人员投入强度的重要指标。从图 3-23 可见，2012 年创新型试点城市的每万名就业人员中 R&D 人员数可分为四个梯队，第一梯队（308～440人）由东部地区的 3 个创新型试点城市和一个中部地区的创新型试点城市（长沙）构成，第二梯队（228～307 人）的创新型试点城市则以中东部地区为主，西部地区创新型试点城市除西安和昆明外，多处于第三梯队（156～227 人）和第四梯队（85～155 人）。

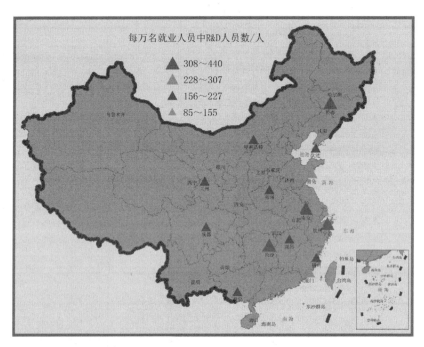

图 3-23　创新型试点城市每万名就业人员中 R&D 人员数示意图（2012 年）

　　图 3-24 是 2012 年创新型试点城市每万名就业人员中 R&D 人员数排序。从图 3-24 可见，2012 年创新型试点城市中，南京每万名就业人员中 R&D 人员数值最高，达 440 人。长沙和长春紧随其后，其每万名就业人

员中 R&D 人员数均超过了 400 人。2012 年昆明每万名就业人员中 R&D 人员数为 235 人,在西部仅次于西安,在 30 个创新型试点城市中排名第 16 位。

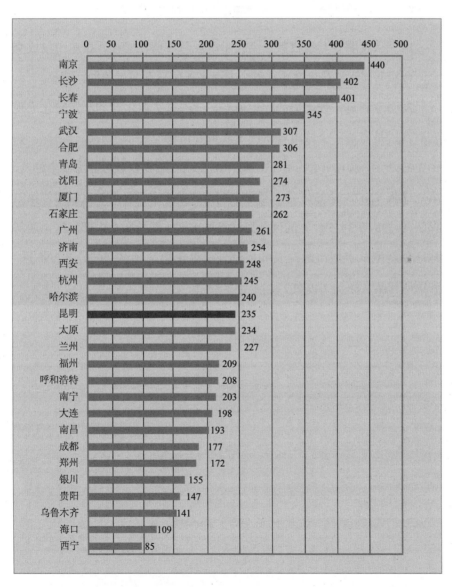

图 3-24 创新型试点城市每万名就业人员中 R&D 人员数排序(2012 年)

3.3　创新绩效

本书从发明专利授权数、高技术产业总产值、能耗、技术市场成交合同金额和国际科技论文数这五个方面来考察试点城市的创新绩效。

发明专利是一种无形的知识财产，能通过工业生产和制造转化成现实财富，是衡量一个城市科研产出质量和市场应用水平的综合指标。如图3-25所示，2012年创新型试点城市的发明专利授权数可分为四个梯队，第一梯队（3476～5513件）都是东部地区的3个创新型试点城市，第二梯队（1596～3475件）的创新型试点城市则主要分布在中部地区，西部地区创新型试点城市除西安和成都外都处于第三梯队（650～1595件）和第四梯队（88～649件）。

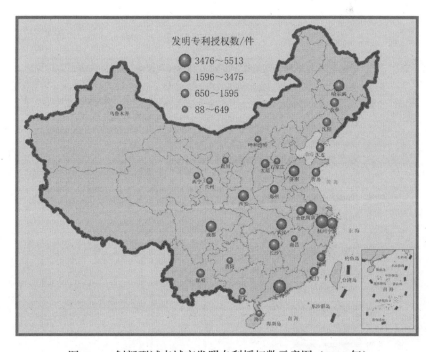

图 3-25　创新型试点城市发明专利授权数示意图（2012 年）

图 3-26 是 2012 年创新型试点城市发明专利授权数排序。从图 3-26 可见，2012 年创新型试点城市中，杭州的发明专利授权数最多，达到 5513 件，南京和广州分别以 4408 件和 4026 件位列第 2 和第 3 位。2012 年昆明的发明专利授权数为 903 件,在西部省会城市中低于西安(3475 件)与成都（3112 件），在 30 个创新型试点城市中排名第 19 位。

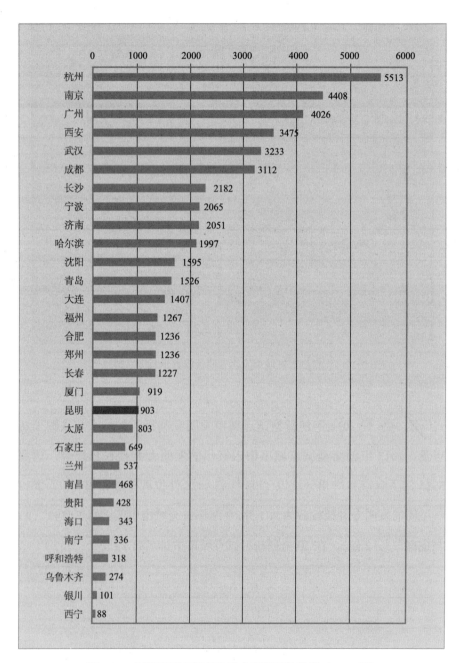

图 3-26　创新型试点城市发明专利授权数排序（2012 年）

从百万人口发明专利授权来看（图 3-27），2012 年创新型试点城市可分为四个梯队，第一梯队（406.4～626.3 件）只有东部地区的两个创新型试点城市，分别是南京和杭州，第二梯队（219.6～406.3 件）的创新型试点城市则主要分布在中东部地区，西部地区创新型试点城市除西安外都处于第三（107.9～219.5 件）和第四梯队（44.3～107.8 件）。

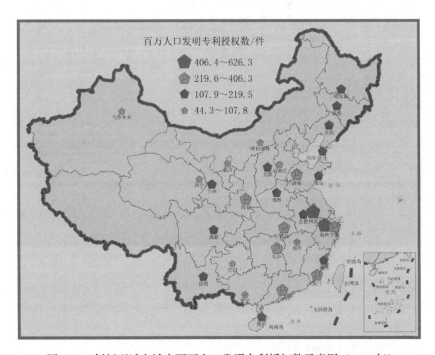

图 3-27　创新型试点城市百万人口发明专利授权数示意图（2012 年）

图 3-28 是 2012 年创新型试点城市百万人口发明专利授权数排序。从图 3-28 可见，2012 年创新型试点城市中，杭州百万人口发明专利授权数最高，达 626.3 件，南京和西安分别以 540.1 件和 406.3 件位列其后。2012 年昆明百万人口发明专利授权数为 138.2 件，在 30 个创新型试点城市中排名第 21 位。

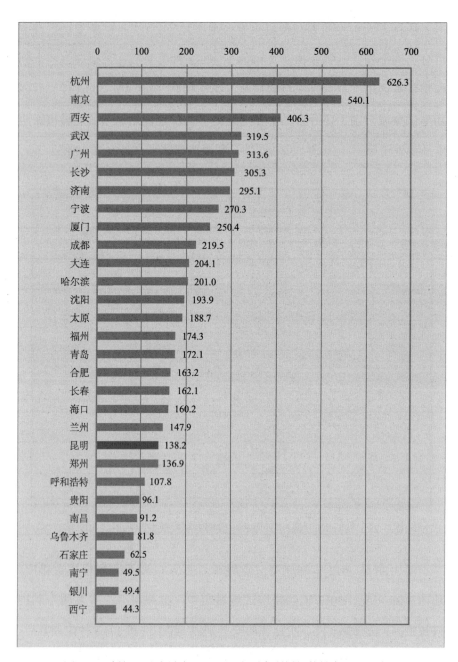

图 3-28　创新型试点城市百万人口发明专利授权数排序（2012 年）

　　高技术产业是指用当代尖端技术（主要指信息技术、生物工程和新材料等领域）生产高技术产品的产业群，是研究开发投入高、研究开发人员比重大的产业。高技术产业总产值是反映高新技术产业规模的指标，是高新技术产业规模实力的直接体现，代表着高新技术产业的整体水平。如图3-29所示，高技术产业规模较大的创新型试点城市主要集中在东部地区，中西部地区除成都、武汉和郑州外，其他创新型试点城市高技术产业规模都较小。

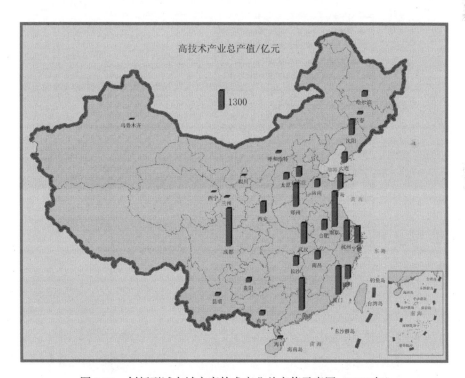

图 3-29　创新型试点城市高技术产业总产值示意图（2012 年）

　　图3-30是2012年创新型试点城市高技术产业总产值排序。从图3-30可见，2012年创新型试点城市中，成都高技术产业总产值最高，达到

2514.6 亿元，南京和广州紧随其后，分别为 2345.4 亿元和 2113.3 亿元。
2012 年昆明高技术产业总产值为 159.0 亿元，在西部省会城市中不仅低于成都和西安（751.5 亿元），而且低于南宁（262.6 亿元）和贵阳（253.2 亿元），在 30 个创新型试点城市中排名第 23 位。

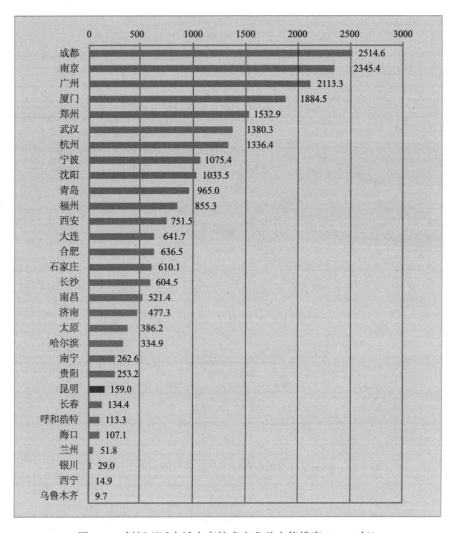

图 3-30　创新型试点城市高技术产业总产值排序（2012 年）

高技术产业总产值占工业总产值的比重是衡量高技术产业在整个工业结构中的地位、判断一个城市核心竞争力与发展潜力的决定性因素。从图 3-31 可见,2012 年创新型试点城市高技术产业总产值占工业总产值的比重可分为四个梯队,第一梯队(20.9% ~ 42.0%)只有两个创新型试点城市,分别是成都和厦门。第二梯队(12.6% ~ 20.8%)的创新型试点城市则主要分布在中东部地区,西部地区创新型试点城市多处于第三梯队(5.4% ~ 12.5%)和第四梯队(0.5% ~ 5.3%)。

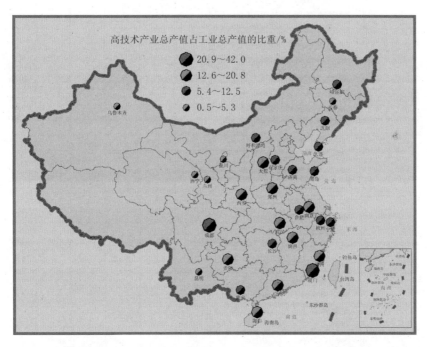

图 3-31　创新型试点城市高技术产业总产值占工业总产值的比重示意图(2012 年)

图 3-32 是 2012 年创新型试点城市高技术产业总产值占工业总产值的比重排序。从图 3-32 可见,2012 年创新型试点城市中,厦门高技术

产业总产值占工业总产值的比重最高，为 42.0%；成都次之，为 32.0%。2012 年昆明高技术产业总产值占工业总产值的比重为 5.3%，在 30 个创新型试点城市中排名第 25 位。

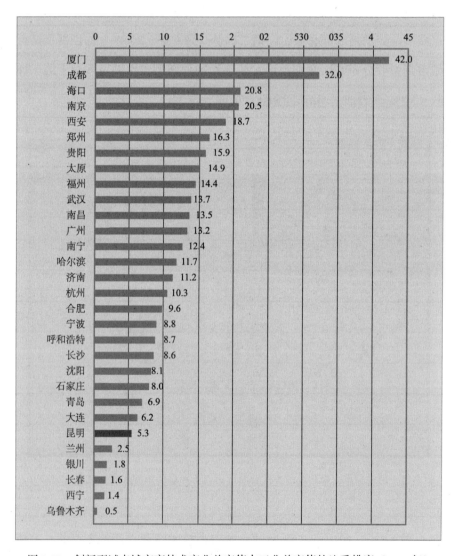

图 3-32　创新型试点城市高技术产业总产值占工业总产值的比重排序（2012 年）

　　万元 GDP 综合能耗指一个国家或地区全社会能源消费总量与实现的生产总值之比，是综合反映能源消费所获得的经济成果的重要指标，也是体现能源利用效率和经济增长方式转变的标志性指标。从图 3-33 可见，2012 年创新型试点城市中万元 GDP 综合能耗较低（0.03 ～ 0.38 吨标准煤 / 万元）的城市散布在东、中、西部，以东部地区居多，但万元 GDP 综合能耗较高（1.24 ～ 2.44 吨标准煤 / 万元）的城市都位于西部地区。

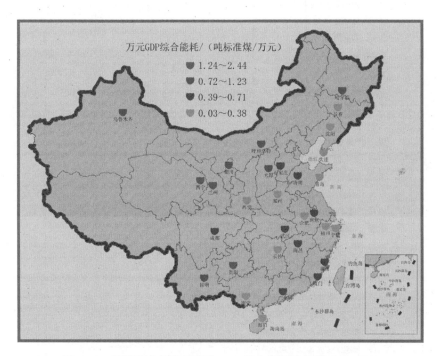

图 3-33　创新型试点城市万元 GDP 综合能耗示意图（2012 年）

　　图 3-34 是 2012 年创新型试点城市万元 GDP 综合能耗排序。从图 3-34 可见，2012 年创新型试点城市中，海口的万元 GDP 综合能耗最低，为 0.03 吨标准煤 / 万元。其次是长沙和西安，分别为 0.08 和 0.11 吨标准

煤 / 万元。2012 年昆明万元 GDP 综合能耗为 1.03 吨标准煤 / 万元，比海口高 1.0 吨标准煤 / 万元，在 30 个创新型试点城市中排名第 24 位。

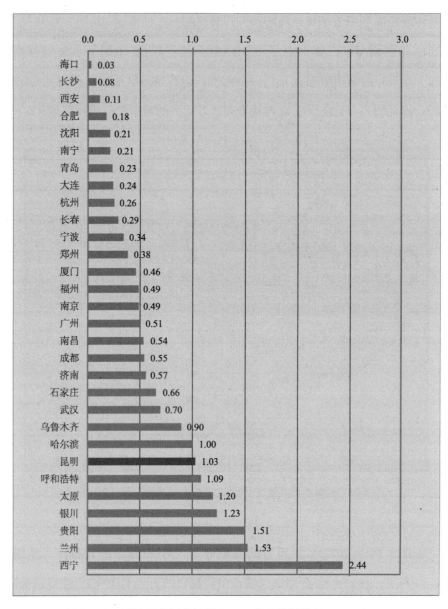

图 3-34　创新型试点城市万元 GDP 综合能耗排序（2012 年）

　　技术市场成交合同金额是指技术市场管理办公室认定登记的、技术转让方为当地企业或机构的技术合同的合同标的金额的总和。如图 3-35 所示，2012 年创新型试点城市技术市场成交合同金额进入第一梯队（188 亿～300 亿元）的创新型试点城市只有西安，进入第二梯队（87 亿～187 亿元）的创新型试点城市也不多，大多数创新型试点城市处于第三（28 亿～86 亿元）和第四梯队（0～27 亿元）。

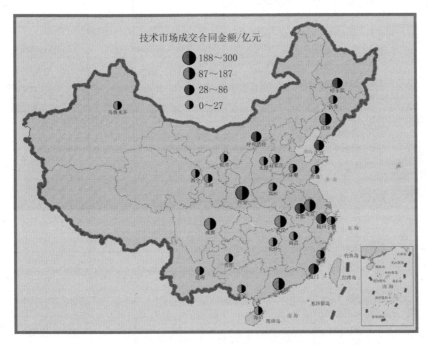

图 3-35　创新型试点城市技术市场成交合同金额示意图（2012 年）

　　图 3-36 是 2012 年创新型试点城市技术市场成交合同金额排序。从图 3-36 可见，2012 年创新型试点城市中，西安技术市场成交合同金额最高，达到 300.2 亿元，广州和南京分别以 187.4 亿元和 133.1 亿元位列第 2 和第 3 位。2012 年昆明技术市场成交合同金额为 19.7 亿元，在西部省

会城市中不仅低于西安和成都(96.3亿元),而且低于呼和浩特(42.8亿元),

在 30 个创新型试点城市中排名第 20 位。

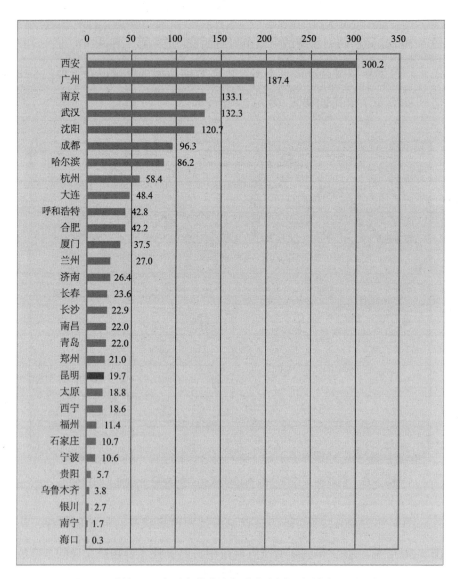

图 3-36　创新型试点城市技术市场成交合同金额排序（2012 年）

　　技术市场成交合同金额占 GDP 的比重反映了一个城市技术成果的市场化程度，也是衡量一个城市对外技术辐射能力的重要指标。从图 3-37 可见，2012 年创新型试点城市技术市场成交合同金额占 GDP 的比重可分为四个梯队，第一梯队（2.20% ～ 6.88%）只有西安一个创新型试点城市，其他梯队则散布在东、中、西部地区。

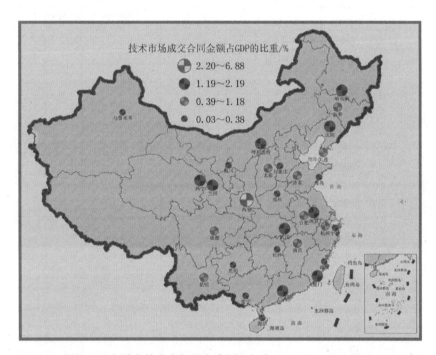

图 3-37　创新型试点城市技术市场成交合同金额占 GDP 的比重示意图（2012 年）

　　图 3-38 是 2012 年创新型试点城市技术市场成交合同金额占 GDP 的比重排序。从图 3-38 可见，2012 年创新型试点城市中，西安技术市场成交合同金额占 GDP 的比重最高，达到 6.88%。2012 年昆明技术市场成交合同金额占 GDP 的比重为 0.65%，在 30 个创新型试点城市中排名第 17 位。

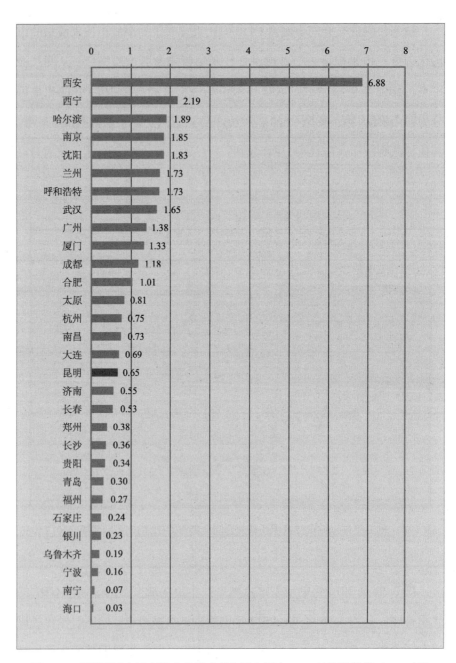

图 3-38　创新型试点城市技术市场成交合同金额占 GDP 的比重排序（2012 年）

国际科技论文指标指 SCI、EI 和 CPCI-S（原为 ISTP）三大检索系统所收录的我国科技人员发表的论文。按照通行做法，国际科技论文的归属按照第一作者所在地区和单位确定。如图 3-39 所示，2012 年创新型试点城市国际科技论文数较高的城市（8484 ～ 19 773 篇）主要是南京、武汉、西安、成都等科教资源比较丰富的城市，其他创新型试点城市的国际科技论文数则远低于这些城市。

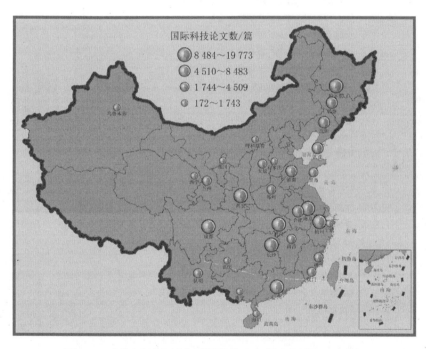

图 3-39　创新型试点城市国际科技论文数示意图（2012 年）

图 3-40 是 2012 年创新型试点城市国际科技论文数排序。从图 3-40 可见，2012 年创新型试点城市中，南京国际科技论文数最多，达到 19 773 篇，武汉和广州分别以 15 419 篇和 12 774 篇位列第 2 和第 3 位。2012 年昆明

国际科技论文数为2790篇,在西部省会城市中低于成都(11 138篇)和西安(10 513篇),在30个创新型试点城市中排名第17位。

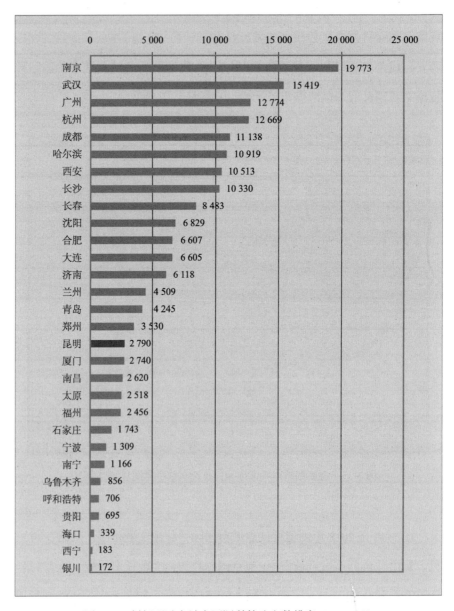

图 3-40　创新型试点城市国际科技论文数排序（2012 年）

　　2012 年创新型试点城市中，每万名 R&D 人员国际科技论文数较高的城市仍然是那些科教资源比较丰富的城市（图 3-41），只是有些城市（如杭州、广州、长沙）在考虑到 R&D 人员的数量时，其科技资源丰富的优势则变得不那么明显了。

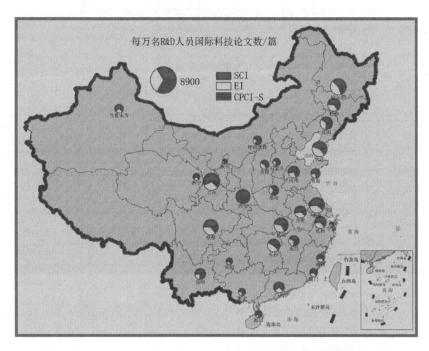

图 3-41　创新型试点城市每万名 R&D 人员国际科技论文数示意图（2012 年）

　　图 3-42 是 2012 年创新型试点城市每万名 R&D 人员国际科技论文数排序。从图 3-42 可见，2012 年创新型试点城市中，兰州每万名 R&D 人员国际科技论文数最多，达到 3670 篇，紧随其后的是哈尔滨和南京，分别是 3287 篇和 3052 篇。2012 年昆明每万名 R&D 人员国际科技论文数为 1586 篇，在 30 个创新型试点城市中排名第 14 位。

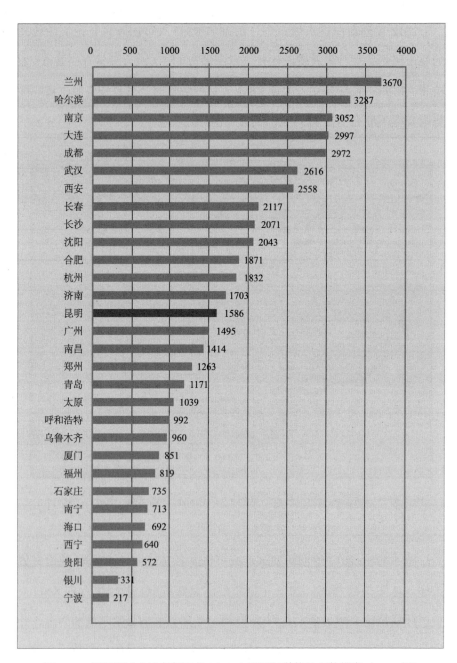

图 3-42　创新型试点城市每万名 R&D 人员国际科技论文数排序（2012 年）

3.4　总　　结

昆明自 2010 年 4 月开展国家创新型城市试点建设以来，无论是创新发展基础条件、创新投入，还是创新绩效都取得可喜的进步。然而通过标杆分析，我们发现昆明与这些城市的差距仍十分明显。以基础条件为例，经济总量是决定一个城市发展的首要前提，昆明在 30 个国家创新型城市经济发展对比处于中下水平，仅排在第 19 位，人均 GDP 排第 23 位，受大专以上教育人口数排第 17 位，上述三个指标均低于 30 个城市平均值，GDP 总量达到平均值的 64.8%，人均 GDP 为 71.5%，受大专以上教育人口达 93.9%。其他方面除城市发展环境指数处于先进地位，在 30 个城市中排第 2 位外，均没有突出表现。

全社会 R&D 投入强度作为衡量一个国家或地区科技活动规模及科技投入强度的重要指标，往往反映出国家或地区经济增长的潜力和可持续发展能力。在 30 个城市中排第 17 位，低于排在第 1 位的西安 3.6 个百分点，也低于国家 1.98% 平均值；企业 R&D 投入强度直接能反映企业研发能力与核心竞争力，昆明在 30 个城市中排第 21 位，比排在第 1 位的厦门低了 0.96 个百分点，国家 0.77% 平均值。

昆明高技术产业总产值占工业总产值比重排第 25 位，万元 GDP 能耗排第 24 位，其他创新指标也多排在第 17 ~ 20 位，这一系列数据真实地反映了昆明与其他城市在国家创新型城市建设中的差距。与发达地区中部城市同处一个平台发展，面对明显的差距，昆明的压力是巨大的，但挑战与机遇并存，昆明如何利用好这一发展机遇，正是昆明未来发展面临的新课题。

4

国内若干创新型试点城市的典型经验

4.1　西安：科技金融结合的"三机制三模式"

　　西安有三千一百多年的建城史和一千二百多年的建都史，是与雅典、罗马、开罗齐名的世界著名历史古都，先后有周、秦、汉、唐等 13 个朝代在这里建都，有"秦中自古帝王州"的美誉。西安是我国科技教育、国防工业和高新技术产业的重要基地，综合科技实力位居全国前列。西安现有省部属高等院校 39 所[①]，各类科研机构四百六十余家，各类专业技术人员五十余万人，其中"两院"院士 59 人。

　　国家发展离不开科技进步与创新，在开展创新活动时，需要金融机构的强力支持。西安作为科技资源大市，在科技与金融结合方面的探索尤其值得一提。2011 年 8 月，西安市启动科技金融合作试点工作，先后出台了《关于进一步加强金融、财政与科技合作共同促进科技产业发展的指导意见》《关于科技金融创新合作试点的实施意见》《西安市科技

金融合作试点业务风险补偿暂行办法》和《西安市科技金融结合业务风险补偿办法》等政策，创造性地推出"三机制三模式"（图4-1）：一是建立财政、金融和担保科技信贷风险补偿机制；二是建立创业投资风险补偿机制；三是建立科技保险补贴机制；四是拓展政府部门与金融和担保机构联合推动合作模式；五是拓展行业联盟内融资信用互保互助合作模式；六是拓展知识产权质押融资和创业投资合作模式。"三机制三模式"利用奖励补助和风险补偿，与银行、担保机构共担风险，多方的合作开启了轻资产科技企业信贷之门，使轻资产科技企业受惠。

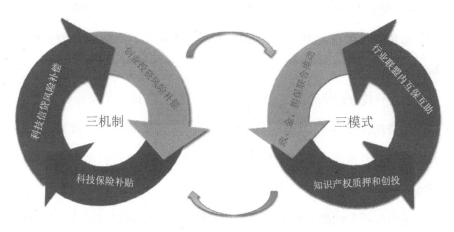

图4-1　西安科技金融结合的"三机制三模式"

为保障政策落实，西安成立了"科技金融合作试点工作小组"，安排、协调并负责推进试点工作，加强与签约金融机构的业务合作，细化服务，并委托专业机构——西安科技金融服务中心组织实施。

此后，西安还先后出台了《西安市科技企业科技保险补贴实施细则》《西安市科技型中小企业成长基金集合资金信托计划（试点）方案》和《西安市科技金融结合业务贷款贴息实施细则》等一系列实施细则，进一步完善科技信贷政策。截至 2013 年年底，在科技保险方面，西安已选定两家保险经纪公司、4 家保险公司为试点合作机构，组建了 贷款保证保险 国内信用保险 两个创新产品研究小组，加强创新研究和试点推广；在集合资金信托方面，第一期发行 5000 万元，完成了 6 家科技企业尽职调查工作；在科技信贷方面，2014 年全年获得贷款科技企业 210 家，贷款金额 11 亿元，其中涉及知识产权质押贷款企业 142 家，贷款额 5.6 亿元，均为 2012 年的近两倍。在创业投资方面，继西安市创业投资引导基金后，2013 年西安新成立了军民融合创业投资基金。

西安科技金融结合的 三机制三模式 的实施，取得了降低贷款门槛、降低对贷款科技企业实物资产要求、知识产权可质押贷款、政策杠杆放大效应等多项预期成果，探索出一条切实可行的解决科技型中小企业融资难的新途径。

昆明与西安同处于西部地区，在开展科技与金融尝试结合方面，起步较晚，加之对政策的宣传不到位，无论是企业还是研究机构，在科技保险与知识产权质押贷款方面都处于刚起步状态，西安的成功经验完全可以移植到昆明加以推广，使昆明在科技与金融深度结合方面少走弯路。

4.2 南京：三区融合、联动发展

　　钟灵毓秀的古城南京，是资源丰富的科教名城，坐拥五十多所高校、六百多个省级以上科研机构、七十多万科研人才、八十多位两院院士。从图 4-2 可见，2012 年南京发表国际科技论文 19 773 篇，居 30 个省会和副省级创新型试点城市之首，其中 SCI 论文 10 088 篇，EI 论文 7550 篇，CPCI-S 论文 2135 篇。建设创新型城市，南京的科教资源是最宝贵的资源。

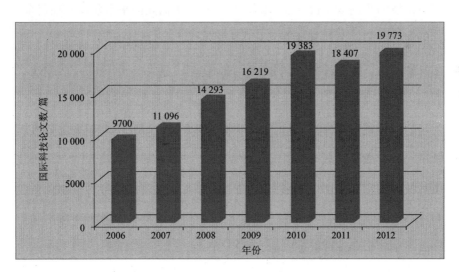

图 4-2　2006 ～ 2012 年南京国际科技论文数

　　为整合科教资源，南京成立政产学研金联席会议，打破条块分割，加快形成在宁高校、科研院所和省市科技资源的互享共促机制。政府担当起了地方政府和高校、科研院所合作的发动机，定期或不定期地举行多边联席会议，针对地方经济发展迫切需要的技术领域和企业的技术瓶颈在各方间穿针引线，成为多方合作的桥梁，从政府方面消除产学研结合的屏障。

南京在建设创新型城市的过程中依托建立"官产学研"的城市创新体系，通过政府强力地推动高校、科研机构和企业之间的创新合作，通过整合科教资源，建立高校、科研院所的知识创新源泉向企业技术创新顺畅流动和转移的社会机制，实现高校和科研机构的知识资源与企业技术创新资源对接，将科教资源转变为现实的高科技企业和技术。在整合、集成地方行政资源和高校、院所科教资源方面，南京最有特色的做法是实施科技创业创新平台共建计划，设立每年1亿元的平台建设专项资金，鼓励区县（园区）按照大学校区、科技园区、公共社区"三区融合、联动发展"的创新思路和"孵化器＋加速器＋产业园"的模式，选择在宁和国内外研究型大学共建大学科技园；按照"产业技术研究院＋学科型公司"的模式，选择在宁和国内外研究型大学、研究所的相关优势重点学科，共建战略性新兴产业创新中心，进一步发挥研究型大学、科研院所科技创新资源优势，畅通科技成果转移转化渠道，培育科技创业企业和战略性新兴产业。2013年2月，南京出台了《加快企业为主体市场为导向产学研相结合技术创新体系建设的实施意见任务分解方案》，提出市级研发与产业化专项资金重点向协同创新专项计划倾斜，与省级专项计划配合，共同引导支持各创新主体紧密合作，推动知识创新、技术创新和区域创新紧密融合。

经过提炼的"基于科教资源优势建设创新型城市的南京模式"有很

多值得学习的地方。 南京模式 可概括为一大平台、两个机制、三路大军、四大载体和五大领域，其核心内容确定为在政府推动下，知识创新主体和技术创新主体有效结合。一大平台即基于科教资源优势、促进科研成果转化和资源整合的科技成果转化服务平台；两个机制包括企业与大学科研机构互动的市场机制、政府强力推进的激励机制；三路大军即地方政府、大学与科研机构、企业三方面自主创新大军；四大载体分别是从技术链路径形成的国家重点实验室、高新技术企业孵化器、科学园及科学城和国家级开发区；五大领域包括电子信息产业、汽车工业、石化工业、以软件为核心的新型高科技产业和现代服务业等创新型城市的支柱产业。

昆明与南京分别处于不同的经济区域，从科技创新资源方面分析，昆明虽然没有南京创新资源丰富，但昆明同样是一个创新资源高度集中的省会城市。云南拥有普通高等教育学校 66 所[1]，昆明占 62%[2]；云南拥有独立研究与开发机构 101 个，昆明占 37%，多数中央、省级企事单位入驻昆明，昆明还拥有 4 个国家级开发区[3]，完全可以借鉴南京的三区融合、联动发展模式，进一步整合创新资源，引导企业按照市场机制，加大协同创新机制，充分利用好中央、省级驻昆机构，加大高起点创新平台的建设，为昆明重点发展领域提供有力的技术、人才支撑，提高昆明城市发展整体竞争力。

---

[1] 参见：《云南统计年鉴 2013》。
[2] 参见：《昆明统计年鉴 2013》。
[3] 昆明高新技术开发区、昆明经济技术开发区、昆明滇池旅游度假开发区及嵩明杨林经济技术开发区。

4.3　合肥：创新型企业森林工程

合肥承东启西、连南接北，是中部地区与长江三角洲地区最接近的区域中心城市。作为全国首个国家科技创新型试点和首批国家创新型试点城市，合肥把科技创新定位为经济社会发展的驱动和支撑：职能定位从综合科技向经济建设主战场转变，把科技部门定位为经济类职能部门。工作重点从抓项目科技向抓产业科技转变，突出新兴产业的培育，围绕产业抓项目，以科技攻关支撑产业发展。工作目标从单纯抓研发向综合配置资源转变，通过建立自主创新政策体系和建设创新平台，推动全社会创新资源向产业集聚。工作方式从管理科技向服务科技转变，改革成果市场评价导向和原有科技计划体制，建立目标考核体系、统计体系，梳理关键指标横向、纵向对比，进行监测分析。合肥在建设创新型城市的过程中，最具特色的做法有两点。

一是经费使用上率先改革创新。改革传统科技三项费内涵及使用模式，创新性地形成全国唯一的政策性资金使用模式：取消科技计划项目评审制度，注重绩效的政策兑现；将研发项目投入转变为以企业为主体的研发平台、成果产业化、市级高新企业、专利标准、科技人才、投融资税收综合性政策补助；将科技部门管理经费上升到科技、财政、审计、税务综合管理政府性政策资金。

二是实施新型企业森林工程（图 4-3）。针对企业是城市发展之基，合肥积极服务企业技术创新，着力推进国家、省、市创新型企业梯次建

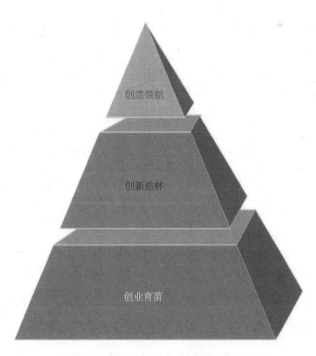

图 4-3　合肥创新型企业森林工程

设。按照初创型、成长型、成熟性不同阶段，分类引导企业提升创新能力，建立 创新苗圃＋孵化器＋加速器＋产业基地＋产业集群 培育体系。实施 创业育苗计划 ，鼓励科技人员创办、领办科技企业，建设中小企业创新和融资服务平台。实施 创新造林计划 ，出台培育从市级高新技术企业、创新型企业、知识产权示范企业到国家级高新技术企业、科技小巨人、国家创新型企业的培育梯队。目前，合肥拥有国家级创新型（试点）企业 14 家，省级创新型（试点）企业 92 家，市级创新型企业 714 家；拥有科技创新型企业 1672 家，国家高新技术企业 708 家。实施 创造领航计划 ，对领航企业战略规划、重大技术路线、大规模融资、跨区域并购实施 一企一策 的支持策略，出台市科技创新型企业培育计划、创新型企业认定及管理办法、自主创新政策。打造一批具有核心竞争力的行业骨干，形成 合肥创造 的主力军。合肥实施创新型企业森林工程，其最终目的是让创新型小企业铺天盖地，创新型大企业顶天立地，把更多精彩的创新 小盆景 变成壮美的产业 大风景 。

通过一系列的创新型企业创建，已建设各级工程（技术）研究中心、企业技术中心、重点实验室等研发平台 820 个，集聚研发人员两万多人。建立工程（技术）研究中心培育企业库，累计研发投入近 170 亿元，自主开发项目 2058 项。

昆明是云南创新驱动发展的示范城市，截至 2013 年[①]，昆明共有高新技术企业 402 家；各级创新型试点企业 165 家，其中国家级 10 家；各级企业技术中心 275 家，其中国家级 15 家；科技企业孵化器 20 家，其中国家级 7 家；云南省科技小巨人 9 家（全省共 12 家）；各级工程技术研究中心 152 家，其中国家级 4 家；各级重点实验室 55 家，其中国家级 4 家；各级创新团队 137 个，其中国家级 6 个，为昆明学习借鉴合肥创新型企业森林工程提供了可能，更为昆明确立企业创新主体地位奠定的坚实基础。

4.4　贵阳：发展大数据产业

贵阳风光旖旎，是一座 山中有城，城中有山，绿带环绕，森林围

---

① 参见：《2014 年昆明科技统计分析》。

城 的具有高原特色的现代化都市,全国城市生态文明建设的 探路先锋 。2014 年国务院批复设立第 8 个国家级新区贵安新区,该新区规划定位为中国内陆开放型经济示范区、中国西部重要的经济增长和生态文明示范区。

成为国家创新型试点城市后,贵阳没有像其他中西部一些试点城市一样,利用丰富的土地、自然和人力资源,积极承接东部地区的产业转移,快速发展外向型经济,而是摒弃 先污染后治理 的弯路,抢抓机遇发展大数据产业。这种跨越式的发展思路,致力于充分发挥贵州的环境优势和政策优势,最大限度地释放贵州的经济发展潜力。

贵阳生态环境优越,冬无严寒,夏无酷暑,远离地震带,地质结构稳定,灾害风险低,且水资源和电力都很丰富,堪称发展大数据产业的优选之地。为了促进大数据产业在贵州落地生根,贵州先后出台《贵州省信息基础设施条例》《关于加快大数据产业发展应用若干政策的意见》和《贵州省大数据产业发展应用规划纲要(2014 ~ 2020 年)》,为大数据的发展营造了良好的环境。此外,贵州还非常注重大数据人才培养和引进,并建立了中科院软件所贵阳分部、贵州大数据产业发展应用技术研究院、贵阳信息技术研究院等研究机构,以加强大数据技术的研发。贵州大数据发展路径规划见图 4-4。

截至 2014 年,贵州大数据产业的发展已初见成效。中国电信、中国移动、中国联通三大电信运营商数据中心和富士康第四代绿色产业园已落户贵安新区,使之成为中国最大、全球靠前的数据产业基地,而且带动了阿里巴巴、百度、腾讯、京东、华为、浪潮、华大基因、大唐移动、华唐教育等一批大数据和互联网领军企业进入贵州。

图 4-4　贵州大数据发展路径规划

5

推进昆明创新型城市建设的政策建议

5.1　提高财政科技投入引导作用

　　财政科技投入是推动科技创新的重要政策手段，对昆明科技进步与创新起到了极大的推动作用，但随着形势的变化，财政科技投入不再是单一的支持方式。国家层面已经建立科技成果转化引导基金，除了有利于缓解科技成果转化融资难题外，更大的作用还在于引导和带动金融资本、民间投资和地方政府共同参与科技成果转化，以此作为创新财政科技投入方式的重要探索，更好地发挥财政资金"四两拨千斤"的杠杆作用。作为地方政府，昆明应当积极学习领悟国家科技成果转化基金的实际操作方式与管理模式，结合昆明科技实际发展状况，围绕成果转化不同阶段特点进行设计，解决科技创新链条上的各个环节衔接不紧密的问题，让有限的财政科技资金发挥最大的作用，积极探索与地方金融机构和民间投资共同发起设立专业化的创业投资基金，采取股权投资的方式支持科技成果转化，充分发挥市场配置资源作用，为企业贷款建立有效

的 绿色通道 。同时，还要积极争取国家、省科技成果转化基金的支持，为昆明科技成果转化提供有效的助推，进一步创新昆明财政科技投入方式，促进成果转化。此外，要建立财政资金引导民间资金的联动机制，辅以政策激励，引导社会资本集聚并投向科技成果转化，进一步改善科技创新的投融资环境。

5.2 加大全社会 R&D 投入力度

R&D 投入强度（R&D/GDP）作为国际上通用的衡量一个国家、地区竞争力的重要指标，是测度一个国家开展研发投资的实力表现，也是评价国家经济增长方式的重要指标，这一指标已纳入《国家中长期科学和技术发展规划纲要 (2006 2020 年)》中。2013 年我国 R&D 投入强度达到 2.08%[①]，比 2010 年提高了 0.32 个百分点，财政科技支出持续增加，且财政科技支出占当年国家财政支出的比重达到 4.41%，极大地激发了全社会的创新创造热情，使创新环境进一步完善。昆明虽然财政科技支出持续增加，但仍未达到国家平均水平，2013 年仅达到 1.51%，在全国省会城市中排第 15 位，且持续 3 年未变化，比 2010 年提高 0.05 个百分点，低于国家平均水平 0.57 个百分点，距创新型城市目标要求差 0.99 个百分点，与西部先进城市西安、成都的差距明显；财政科学技术

---

① 参见：国家统计局，科技部，财政部发布的《2013 年全国科技经费投入统计公报》。

支出占当年地方财政支出的比重仅达到 2.1%，低于国家平均水平 2.31 个百分点，政府的引导作用还有待进一步提高，通过进一步加大财政科技投入，引导全社会研发经费的持续增加，促进全社会研发投入强度的提高。2009 年 1 月施行的《昆明市科学技术与创新条例》（简称《条例》）规定：各级政府应按照《昆明市科学技术进步与创新条例》中　第一、第二、第三板块分别不低于 2%、1.5%、1% 的要求 ，逐年提高科学技术经费投入总体水平，切实保障开展科技创新经费。但自 2009 年 1 月实施以来从未达到法定的科技投入。因此落实《条例》规定以及进一步扩大科技投入渠道，对进一步提高全社会 R&D 投入强度，在全社会形成共识，对于加快推进国家创新型试点城市建设以及促进昆明跨越式发展具有重要的现实意义。

5.3　选择适宜的创新型城市建设路径

不论经济条件、科技条件强还是弱的城市，要建设创新型城市都必须先根据城市实际的条件，包括经济条件、科技条件、资源条件等，从自身的情况出发，确定符合城市发展的明确、合理的目标，围绕既定的目标，找到城市的优势所在，发掘突破口，并以此为中心，充分利用各项资源，发挥城市的优势，走出属于自己的有特色的创新型城市道路，只有这样才能成功地建设创新型城市，在众多城市中别具一格。

在创新型城市建设过程中，应认清当前昆明仍旧是以投资拉动型要素发展的典型城市，在促进经济发展过程中，要紧贴实际，发挥优势，突出特色，重点突破，积极探索创新型城市建设新途径，深度开发创新发展新模式，充分发挥科技创新在转变发展方式、经济结构转型和产业技术升级中的支撑作用，把创新优势资源转化为强势资源，将创新成果转化为现实生产力，这是建设国家创新型城市的宗旨所在。

要处理好发展与环境的关系，切实定位好城市发展目标，在促进经济发展的同时，一定要注重对环境的保护，切忌为了经济的发展而付出破坏环境的巨大代价，探索一条切实符合昆明城市发展的道路。在承接东部产业转移时，不能以破坏环境为代价，产业转移往往是一把双刃剑，在促进承接地经济增长速度时，也会破坏环境，因此必须做选择性承接，坚持采取可持续绿色发展经济方式，实现经济发展与环境保护的平衡。

5.4 创造良好的科技创新的环境

创新型城市的建设需要形成有利于创新的社会环境，政府作为创新活动的重要参与者，除了在公共技术研发投入中发挥引导作用外，其最大的职能在于提供制度保障，营造创新环境。政府应该在法制规范、政策制定、舆论营造中发挥服务型作用，如通过完善知识产权制度，对创新行为进行鼓励和保护；建立鼓励创新、分散风险的风险投资制度，为自主创新提供金融支持体系；在创新环境上，政府要为创新人才和创业人才提供良好的工作、生活环境，完善创新活动硬件和软件环境。

认真落实《〈国家中长期科学和技术发展规划纲要（2006　2020年）〉若干配套政策》，对在昆重点扶持的高新技术企业按 15% 的税率征收企业所得税；鼓励创业投资型企业开展科技创新活动，对符合国家重点扶持发展的创业投资，可以按投资金额的一定比例抵扣纳税所得额；加速企业固定资产折旧，严格落实企业在开发新技术、新产品、新工艺时所发生的费用，在企业缴纳所得税时加计扣除，对于形成自主知识产权经认定后，按照无形资产成本的 150% 摊销。对于企业、个人从事四技服务取得的收入，给予一定的税收优惠或减免。企业凡是符合多项税收优惠条件的，一律按照最优政策给予优惠。加大创新优惠政策宣传、解读力度，让更多的企业了解税收优惠范围，调动企业自觉创新积极性。在全社会形成理解创新、支持创新、参与创新、推动创新的良好风尚。

进一步提高公众科学素养。加大科普经费投入，积极推进各类科普场馆建设力度，鼓励国有、民营各类企业和社会创办各种形式的科普基地。加大青少年科技创新实验室与科普精品基地建设，发挥科普教育基地对大中小学生科技创新教育的重要作用。通过　科技活动周　全国科普日　和　世界知识产权日　等群众性活动，积极传播科学知识、科学方法、科学思想、科学精神，努力使昆明公众科学素养在 2015 年末达到国家平均水平。

5.5　推动科技金融相结合

充足的资金是高技术产业发展的重要条件，也是创新型城市建设的重要保障。通过全力推动科技资源与金融资源的有机结合，切实促进高新技术产业的可持续发展。

一是支持科技金融专营服务机构发展。要支持在昆明的各家银行建立科技支行，科技支行实行专门的客户准入标准、信贷审批机制、风险控制政策、业务协同政策和专项拨备政策。要支持在昆明的贷款担保公司设立科技型企业贷款担保公司，规范科技型企业与银行及其贷款担保公司的借贷担保关系，加强贷款担保公司风险控制，建立科技型企业贷款担保体系。要在高新技术集中的行业和高新区等设立科技小额贷款公司，制定贷款业务操作规程和贷款风险分类标准，开展科技型企业小额贷款、票据贴现、贷款转让、咨询业务以及贷款项下的结算业务，发展为全市科技型企业服务的金融机构。

二是积极探索银行、信托、资产管理、金融租赁等银行机构、保险机构、证券公司、社保机构、公积金管理机构和国有企业等自有资金投入股权投资基金，以参股、直接或间接方式设立创业投资企业，开展支持自主创新业务试点，拓展科技企业成长前期的融资来源，破解科技型中小企业融资瓶颈，促进科技成果转化和产业化。

三是发展创业风险投资基金。由政府出资设立创业风险投资引导基金，与国内外实力雄厚、经验丰富的创业风险投资机构一起，发起设立创业风险投资基金，以引导投资、带动贷款，分担风险、分享收益为原则，引导社会资金对科技型企业进行股权投资，带动商业银行贷款。

四是进一步发挥昆明科技型中小企业投资引导资金的作用，加大银企合作力度，鼓励金融产品和服务创新，通过对科技型中小企业提供贷款贴息补助，引导银行资金向科技型中小企业倾斜，逐步建立银行金融机构与科技型中小企业稳定合作关系，进一步探索和推动科技创新型企业实现知识产权、股权等无形资产质押融资。科技主管部门对于在科技金融相结合过程中出现的新情况、新问题，及时研究，调整或制定相关政策，以确保政策的执行力，切实支持科技型中小企业的健康稳定发展。

5.6　培养和引进高层次创新创业人才

只有动员多方面创新人才广泛参与，在全社会普遍开展创新活动，并能充分运用创新成果的城市，才是真正意义上的创新型城市。没有大批全面发展的高素质创新人才，建设创新型城市就是一句空话。因此，在试点过程中，必须坚持人才是第一资源的理念，把人才优势转化为竞争优势，培养和引进一大批具有创新精神和创新能力的创新型人才。

一是建立和完善政府、企业、社会多元化的人才培养机制，以大项目、大企业、博士后科研工作站、创业中心、大学科技园、重大科技专项等为载体，紧紧围绕重点发展产业、领域，使用和培养一批高级专业技术人才。要在项目倾斜支持、医疗保险、配偶就业、子女上学、住房等方面给予优先照顾,大力吸引国内外高层次创新人才来昆明创业,突出创新团队引进、核心人才引进和高新项目引进。

二是深入分析和全面把握当前国内外经济和社会发展动态,对昆明优势产业、支柱产业和未来新兴产业的发展需求与趋势进行科学的预测,针对昆明优势产业的技术瓶颈,以平台建设为基础,以领军人才为核心,实施科技攻关,通过组织重大工程技术课题攻关、技术交流与推广等多种形式,培养和引进高层次创新人才。

三是鼓励、支持产业技术创新平台和企业研发中心,对企业研发中心申请的各类科技项目予以优先支持,对新建的产业技术创新平台和企业研发中心给予资金补贴。鼓励和引导具备条件的企业和研发机构积极与国内外高级科研院所、知名高等院校、规模企业联合建立工程技术研究中心等科研实体机构,以便充分发挥企业在技术创新中的主体作用,推动创新人才向企业集聚。

5.7　形成全社会共同推进创新型城市建设良好局面

创新型城市建设涉及经济社会发展的各个层面,是一项庞大的社会系统工程,各级政府应当在　昆明市国家创新型试点城市工作领导小组的统一领导下，调动社会各界的力量，共同推进，形成全社会都关心、支持和参与创新型城市建设的良好局面。各级政府应打破部门界限和利益隔阂，不断创新体制机制，完善上下联动、各方配合的联合协作机制，形成全社会共同推进创新型城市建设的强大合力。

充分发挥宣传部门与新闻单位的舆论导向作用，围绕创新型城市建设工作，加大宣传力度，引导广大群众关心、参与创新型城市建设的各项活动，营造全社会共同推进创新型城市试点工作的良好氛围。

参考文献

毕亮亮，潘锡辉 . 2010. 关于我国创新型城市建设的思考 . 中国科技论坛，12

陈晖 . 2013. 2013 年昆明市科技统计分析研究 . 昆明：云南科技出版社

陈晖 . 2014. 2014 年昆明市科技统计分析 . 昆明：云南科技出版社

国家统计局，科技部，财政部 . 2013. 2013 年全国科技经费投入统计公报 . http://www. stats.gov.cn/tjsj/tjgb/rdpcgb/qgkjjftrtjgb/201410/t20141023_628330.html[2015-05-25]

李靖华，李宗乘，朱岩梅 . 2013. 世界创新型城市建设模式比较：三个案例及其对上海 的启示 . 中国科技论坛，2

经济日报 自主创新 调研小组 . 2012. 自主创新年度报告（创新改变中国 2011）. 北京： 经济日报出版社

附 录

昆明市国家创新型城市试点工作实施方案

昆明市被国家科技部确定为国家创新型试点城市，是昆明实现跨越式发展的重大机遇，按照科技部《关于进一步推进创新型城市试点工作的指导意见》（简称《指导意见》），经征求省市有关部门意见，结合昆明实际制定本实施方案。

一、试点基础

（一）创新发展现状

1. 创新环境进一步改善

昆明是云南省省会，辖区面积 2.1 万平方公里，拥有 628 万常住人口。十一五 以来，市委做出了关于努力建设创新型城市的重大部署，先后制定实施了《昆明市科学技术进步与创新条例》《中共昆明市委 昆明市人民政府关于增强自主创新能力 建设创新型城市的决定》《昆明市贯彻建设创新型云南行动计划实施方案》等法规及相关文件。极大地改善了全市发展的软环境，成为全国行政审批事项最少的城市之一。连续 3 次荣获 全国科技进步先进城市 称号，先后成为了 最适宜居住城市 最具幸福感城市 国家园林城市 全国绿化模范城市 全国科技强警示范城市 国家知识产权示范工作城市 全国节能与新能源汽车示范推广试点城市 ，并荣获 全国建设创新型国家（2008）十强城市 称号，城市竞争力和创新能力明显提高。2009 年，全市地区生产总值完成1808.65 亿元，地方一般预算收入完成 201.61 亿元，全社会固定资产投资额为 1600.66 亿元，科技进步对国民经济的贡献率达到 54.6%。

2. 科技创新能力不断增强

集中了全省 90% 以上的科研机构、高等学校，2009 年，拥有中央、省、市属科研机构 72 个；普通高等学校 38 所，在校学生 24.27 万人。建成各级重点实验室 20 个，工程技术（研究）中心 21 个。全市共有各级企业技术中心 95 个，其中国家级 9 个；各级创新型试点企业 60 余家；支持了 63 家企业开展知识产权试点示范工作。全市年专利申请 2994 件、授权 1914 件；发明专利授权量年均每百万人为 58 件。全市拥有 10 个中国名牌产品、7 个中国驰名商标、148 个云南省名牌产品、近 300 个云南省著名商标。地方财政科技拨款占地方财政一般预算支出的比重为 1.57%。

3. 产业基础日益完善

全市规模以上工业企业有 1075 户，形成烟草及配套、冶金、装备制造、医药、化工、能源等优势产业为主的工业体系。2009 年，全市工业完成总产值 2012.73 亿元，增加值 632.36 亿元，全市工业增加值占全市地区生产总值的比重为 35%。昆明国家高新技术产业开发区和昆明经济技术开发区成为全市高新技术企业聚集地，建成了一批国家级的创业园区和孵化基地，初步形成了以新材料、生物技术、光机电、环保、电子信息等为主导的高新技术产业集群，先后建设了稀贵金属新材料、自动化物流装备、光电子材料等国家高新技术产业化基地。截至 2009 年年末，全市共有高新技术企业 156 家，高新技术产业增加值占工业增加值比重达 22% 以上。

4. 工业园区建设方兴未艾

截至 2009 年，已建有昆明高新区和经开区 2 个国家级开发区，五华科技产业园、昆明空港经济区、寻甸特色产业园等 13 个省级工业园区，园区有规模以上工业企业 491 家，从业人员 10.56 万人。石林台湾农民创业园成为了国家级农业科技创新园，为提升昆明的农业科技创新搭建了新的平台。目前，各个园区正在对园区空间发展及其承载力进行产业发展的规划，以五华工业园红云片区为主发展卷烟工业，以经开区、高新区为主发展配套产业；以经开区、高新区、空港区为主发展装备制造业；以高新区、经开区、呈贡、东川工业园区发展有色金属产业，安宁、禄劝、富民工业园区发展钢铁及钛产业等。初步形成了产业集群向园区集中，产业价值链不断延伸，园区产业特色化的良好格局。

5. 科技创新创业人才队伍不断壮大

截至 2009 年年底，昆明地区人才总量已达 54 万人，其中专业技术人才 14.5 万人，企业经营管理人才 6987 人，高技能人才 14.8 万人。全地区有两院院士 10 人,省级科技创新人才 273 名,引进高层次人才 22 人,省级创新团队 51 个;选拔培养了 364 名昆明市中青年学术和技术带头人及其后备人选,并建设了 19 个市级科技创新团队。

(二)优势特色

1. 得天独厚的气候和原生态民族传统文化资源

昆明年平均气温 15 度左右,年均日照 2200 小时,无霜期 240 天,年均降水约 1000 毫米,鲜花常年开放,草木四季常青,独特的气候使昆明素以 春城 之美誉驰名中外。风景秀丽,风景名胜、历史古迹众多,是休闲、旅游、度假、居住的理想之地。旅游业已成为国民经济中最具活力的新兴产业和新的经济增长点。昆明是 中国十大休闲城市 和 国际旅游名城 。昆明历史悠久,名人荟萃,民族文化绚丽多姿,具有古朴、丰厚、奇异、相融的深邃内涵,是国务院首批公布的 24 个历史文化名城之一。是伟大航海家郑和、人民音乐家聂耳和中国第一根电缆、中国第一座水电站、中国第一架望远镜的故乡。既有 古滇文化 的传承,又是近代以国立西南联合大学为标志的抗战时期中国的文化中心。云南白药、斗南花卉、阿诗玛、云南印象、小河淌水、滇剧、昆明斑铜、滇菜、小水井民族原生态演唱等成为民族文化的知名品牌。独特的历史文化之美、高原风光之美、民族风情之美、边疆风貌之美,共同构成了昆明文化多样性的比较优势。

2. 优势产业特色明显

烟草工业是昆明工业发展的第一支柱产业,生产能力、产品质量合格率、产销利税在全国同行业中居领先水平；装备制造业作为昆明工业发展的主导产业，形成了以电力装备、机床、汽车及零配件、大型铁路养护机械、自动化物流设备为主的产业体系，聚集了云内动力、昆船等一批骨干企业，被国家列为重要的装备制造基地之一；有色冶金行业通过引进创新，技术水平迅速提升，以云南铜业为代表的有色冶金企业核心技术水平已进入世界先进行列。

3.区域优势独特

昆明作为全省政治、经济、文化、教育等的中心，发展首位度、经济集中度、产业支撑度、社会集聚度在全国省会城市几乎绝无仅有。昆明是亚洲五小时航空圈的中心，具有　东连黔桂通沿海，北经川渝进中原，南下越老达泰柬，西接缅甸连印巴　的独特区位，处于东盟　10+1　自由贸易区经济圈、大湄公河次区域经济合作圈、　泛珠三角　区域经济合作圈的交汇点，在云南建设绿色经济强省、民族文化大省和我国面向西南开放的桥头堡中具有重要的战略作用，是与东南亚、南亚开展科技合作的前沿城市。

（三）存在的突出问题

近年来，昆明的创新工作虽然取得了一定成绩，但与建设　国家创新型试点城市　的要求和昆明实现跨越式发展的需求相比，还存在一些制约因素和突出问题，主要表现在：一是产业优化升级缓慢，传统产业规模过大，高新技术及产业发展对促进全市经济结构和产业布局优化作用不明显；二是企业自主创新能力不强，创新主体地位不突出，核心技术研发能力欠缺，知名品牌产品较少；三是创新投入相对不足，财政科技投入分散，没有形成强有力的引导作用，创业投资、担保资金等科技融资活力不强、企业技术开发费用占销售收入的比重还不高，全社会多元化的科技投入体系尚未形成；四是省会创新资源作用发挥不充分，科技成果转化率不够高，产学研合作和科技开放合作力度都有待进一步加强；五是科技公共服务平台建设滞后，科技创新服务能力不强，专业化服务水平不高；六是创新的体制机制障碍依然存在，创新环境仍需进一步优化，科技对全市经济社会的支撑不够显著。

二、试点目标

通过试点把昆明建设成为创新体系健全、创新资源聚集、自主创新能力强、创新效率高、经济社会可持续发展水平高、区域辐射带动作用显著的创新型城市。到 2015 年：

创新投入进一步加大。地方财政科技拨款占地方财政一般预算支出的比重为 2.2%，全社会研究与发展（R&D）投入占国内生产总值（GDP）的比重达到 2.5% 以上。

企业创新主体地位进一步加强。规模以上企业中拥有研发机构的企业所占比重达到 25%，高新技术企业占规模以上企业总数的比例达到 25%。

科技成果转化率逐步提高，创新能力进一步增强。全市专利申请量达到 6500 件以上，发明专利授权量每百万人超过 70 件。

高新技术产业快速发展。高新技术产业增加值占工业增加值的比重达到 30%，万元国内生产总值综合能耗 ≤ 1.18 吨标准煤。

科技惠民取得新成就。城市空气质量指数保持 100%，全市具有基本科学素养公众比例提高到 3.2% 以上。

创新环境进一步优化。科技进步法和激励自主创新的政策得到较好落实，科技进步对经济社会发展的支撑作用进一步凸显。

三、工作思路

以邓小平理论和 三个代表 重要思想为指导，以科学发展观为统领，按照国家创新型试点城市建设的总体要求，紧紧抓住国家实施新一轮西部大开发战略的契机，把创新型试点城市建设与云南 两强一堡 发展战略有机结合。通过整合全地区创新资源，持续加大创新投入，建设创新平台和服务体系，提升城市创新能力，推动传统产业结构优化升级，培育新兴战略产业，建设创新文化，优化创新环境，强力实施七大创新行动，支撑昆明跨越式发展，引领和带动创新型云南的建设。

四、试点任务

（一）实施绿色发展创新行动

1. 全面提速滇池治理

——坚持科学治理滇池的理念。滇池治理以改善水环境质量为目标，按照 治湖先治水、治水先治河、治河先治污、治污先治人、治人先治官的方针，以削减入湖污染物为核心，运用最先进的科学技术手段，聚集最有效的滇池治理要素，吸引最顶尖的湖泊治理人才，坚持湖外河外截污、湖内河内清淤、恢复湿地生态、外流域调水，坚定不移地抓好昆明境内　一湖两江　（滇池和长江、珠江）流域全面截污、全面禁养、全面绿化、全面整治，实施一批滇池治理重大专项，积极推广应用　863　国家重大水专项滇池治理项目的成果，继续开展水葫芦资源化利用等项目的研究和示范，建立符合科学规律的治理高原湖泊的体制。力争到 2015 年，滇池水质得到明显改善，外海的化学需氧量（CODMn）、总氮（TN）和总磷（TP）浓度在 2008 年的基础上分别下降 21%、18% 和 12%，氨氮数（NH3-N）持平，草海的化学需氧量、氨氮数、总氮和总磷浓度在 2008 年的基础上分别下降 11%、49%、45% 和 52%。

牵头落实部门：市滇管局

主要配合部门：市科技局、市环保局及市级相关部门、相关县（市）区政府

——实施滇池治理六大工程。实施环湖截污和交通、外流域调水及节水、入湖河道综合整治、农业农村面源污染防治、滇池生态修复与建设、生态清淤等六大工程，落实《滇池流域污水全截流收集处理设施建设工作方案》，最大限度地收集处理滇池流域的工业污水、城镇生活污水和农业农村等面源污水。加大牛栏江上游的水资源保护和污染治理力度，开展牛栏江流域规划修编以及牛栏江　滇池补水工程各项前期工作。严格执行《昆明市河道管理条例》，建立河道管理长效机制，深化河道管理制度创新。制定出台《关于昆明地区　一湖两江　流域禁养范围规模畜禽养殖迁建扶持的指导意见》、《关于进一步加快畜牧业发展的意见》，实施

乡村清洁 工程,在滇池湖滨 2 公里范围内,调整滇池流域农业产业结构,减少化肥施用量。制定出台《滇池湖滨 四退三还一护 生态建设工作指导意见》,通过实施 退塘、退田、退人、退房 ,实现 还湖、还湿地、还林 ,全面落实环湖生态恢复与建设。开展生态清淤,清除污染底泥,减少污染底泥对水体的干扰,削减内污染源,积极推进污染底泥的无害化、减量化、资源化工作。

牵头落实部门:市滇管局

主要配合部门:市水务局、市环保局、市农业局、滇池北岸工程局、市滇投公司、相关县（市）区政府

2. 建设低碳新春城

—— 促进产业低碳化。提高水电、油 、气等能源在全市能源构成中的占比,降低煤炭消费比重,以实现能源开发利用整体效益最大化。充分发挥昆明太阳能资源优势,加大太阳能光伏、光热产品在城市、乡镇、农村的应用,扩大太阳能光热、光伏技术在市政、建筑、交通等领域的应用,努力打造 太阳能之城 ,打造在全国具有示范性的太阳能新能源产业。对冶炼、化工、建材、能源等重点行业实施低碳化改造,加大淘汰落后生产设备和工艺的工作力度。切实贯彻国家产业结构调整规定,不断推动产业升级与节能减排的相互促进,鼓励企业加大节能减排技术改造和技术创新投入。运用新型实用技术,降低生产过程的能耗物耗,减少碳排放。发展 静脉产业 ,加强可再生资源的回收利用。鼓励和支持可再生资源、工业废渣和生活垃圾的回收利用。力争到 2015 年,GDP 能耗≤1.18 吨标准煤 / 万元。

牵头落实部门：市工信委

主要配合部门：市发改委、市城管局等市级相关部门

——推进低碳生态农业示范园区建设。以农业生产节能、减排和降耗为目标，以发展生态农业为模式，以发展节水、节地、节肥、节药、节能型农业为重点，将发展现代农业与农业节能减排相结合。构建符合我市实际的生态农业产业链，发展低碳农特产品深加工业。根据新昆明建设对农业的多元需求，以种植业、养殖业、农产品加工业龙头企业为依托，推进生态农业、农业休闲旅游、农产品精深加工等低碳生态农业示范园区建设。

牵头落实部门：市农业局

主要配合部门：各县（市）区政府

——打造绿色低碳建筑。制定昆明市建筑能效测评与标识管理办法，逐步对全市已有的主要公共建筑、大型商用建筑、学校建筑、医院建筑和一定规模以上新建建筑等进行能效测评。加快建筑节能改造，提高建筑节能效果。推动节能建材的推广应用及监管，建设一批低碳示范小区，打造低碳建筑精品。将太阳能光热系统作为建筑的组成部分，在全市民用建筑建设中大力推广太阳能热水器与建筑一体化设计和施工，提高主城规划区内全部新建建筑太阳能普及率。制定立体绿化政策意见和技术标准，推动城市建筑立体绿化，提高城市立体空间的绿色浓度，降低城市热岛效应，打造建筑生态氧吧。力争到 2015 年，中心城区太阳能供热系统与建筑一体化应用占新建居住建筑比例达到 95% 以上，城镇普及率达到 70% 以上，农村普及率达到 35% 以上。

牵头落实部门：市住建局

主要配合部门：市科技局等市级相关部门

——构建低碳交通。全面实施路网改造，优化交通信号控制系统，加快运输结构调整，提升交通运输现代化水平。大力推广新能源交通工具，提高新能源车辆的比例。搭建世界最大的高原地区节能与新能源汽车实验平台，继续实施 高原地区新能源汽车运行考核及适配技术研究 863重大项目定向课题。落实《昆明市节能与新能源汽车示范推广试点城市实施方案》，结合缅气入滇工程，以公交系统为主，开展油电混合动力、液化天然气(LNG)、纯电动、氢 油混燃动力等新能源汽车示范运行。加快建设轨道交通，打造快速交通系统，建立功能完备的换乘枢纽，完善信息服务体系，提升公共交通服务能力。加快智能交通建设步伐，建立网络化交通管理数据平台，加强人车路之间的监控、信息联系和调度能力。力争到2015年，推广应用1000辆以上节能和新能源汽车。

牵头落实部门：市公安局

主要配合部门：市交通运输局、市科技局等市级相关部门

——增强区域碳汇能力。选择固碳能力强的树种，开展碳汇造林试点；重点抓好江河绿色廊道、铁路森林带、城市绿地公园、城市主次干道绿化景观带等城市绿地系统工程，提高城市森林覆盖率、绿化覆盖率和绿地率，推进城乡园林绿化。加快城市生态隔离林带建设，不断增强森林固碳放氧能力。力争到2015年，昆明市城市中心区和各县城建成区绿化率达到38%以上，绿化覆盖率达到45%以上；乡镇集镇所在地，绿化率达到25%以上，绿化覆盖率达到33%以上。

牵头落实部门：市林业局

主要配合部门：市园林绿化局等市级相关部门

——倡导低碳生活方式。普及绿色低碳知识，树立低碳生活观念，营造科学合理、健康向上、资源节约、环境友好的低碳生活氛围。引导市民崇尚节约、反对浪费、合理适度消费，从节电、节气、节水、节油和再利用等环节改变生活习惯，促进人们日常生活的衣、食、住、行、用等方面从传统的高碳模式向低碳模式转变，养成健康、低碳的生活方式和生活习惯，消除碳依赖。

牵头落实部门：市环保局

主要配合部门：市级相关部门

——创建绿色机关和低碳社区。加快对党政机关办公楼的低碳化运行改造，全面培养 低碳 办公意识；推广电子政务，实现无纸化办公，节约用电，减少碳排放。以现代城市管理理念为宗旨，积极推行社区管理低碳化，创建一批节约、清洁、低碳的标杆性 低碳社区 。加大农村户用沼气、太阳能等新型清洁能源的推广力度，最大限度地减少和降低农村生产生活过程中的碳排放。

牵头落实部门：市环保局

主要配合部门：机关事务管理局、市农业局、各县（市）区政府

——强化城市计划节约用水。发展节水型工业，提高工业用水重复利用率，扩大再生水使用范围，增加企业中水利用比例；开发、生产和推广低耗水的产品，降低水耗；加快淘汰落后的高耗水工艺、设备和产品；积极开展创建国家节水型城市各项工作，制定昆明城市雨水收集利用技术规定；加快城市供水管网改造，降低城镇供水管网漏损率；落实政策

措施，引导和鼓励再生水利用工作；加强节水宣传，提倡城镇居民节约用水，提高节水意识，加快推广应用节水型器具和产品，降低人均水耗。力争到 2015 年，城市再生水利用率达到 35% 以上，主城区污水处理率达到 100%。

　　牵头落实部门：市水务局

　　主要配合部门：市工信委、市滇管局、市质监局等市级相关部门及相关县（市）区政府

　　——加大城市主要污染物的减排力度。开展工业企业污染减排、城市环境综合整治工作，采取高污染燃料禁燃、节能降耗、河道整治等措施，根据《昆明市　十二五　主要污染物减排规划》，确保化学需氧量、二氧化硫（SO2）等主要污染物排放量控制在国家规定范围以内。提高粉煤灰、磷石膏、炉渣、冶炼废渣、尾矿等工业固体废物的回收和循环利用，优化、提升生活垃圾处理再利用技术，有效减少废弃物的产生。力争到 2015 年，城市空气质量指数达到 100%，主要污染物排放量与 2010 年持平。

　　牵头落实部门：市环保局

　　主要配合部门：市级相关部门

3. 建设和谐平安昆明

　　开展公安信息化，公安刑事、侦察技术，安全防范技术，公安应急通信保障，交通和消防管理技术五大创新建设工作，优化完善各类基础设施，强力推进警务信息综合应用平台应用，加强公安科技基础设施和手段建设，提升对通信、网络的控制能力，提高市民出行安全感和效率，在科技强警　金盾工程　二期建设中，实现网上信息研判、治安管理、

执法监督和为民服务。力争到 2015 年，应用科技手段破案率和城市报警监控系统水平在西部地区领先。

牵头落实部门：市公安局

主要配合部门：市科技局及市级相关部门

（二）实施民族文化创新行动

1.发展民族文化事业

坚持　保护为主、抢救第一、合理利用、传承发展　的指导方针，进一步加强我市非物质文化遗产保护，提升昆明文化实力。深入挖掘以阿诗玛（口述文学）、滇剧（戏剧）、大三弦（舞蹈）、彝族（撒尼族）刺绣（工艺）等国家非物质文化遗产的传统文化内涵，充分调动全市各级非物质文化遗产代表性项目传承人的积极性。加强非物质文化遗产数字化建设，推进实施非物质文化遗产保护工程，逐步建立起比较完备的、有昆明特色的非物质文化遗产保护制度，使具有历史、文学、艺术、科学价值的非物质文化遗产得到有效保护，得以传承和发展。以保护非物质文化遗产为纽带，繁荣发展具有昆明区域特色的民族文化事业，形成具有民族文化特征的公共服务体系。深入挖掘民族文化宝库的资源，促进民族文化资源优势向民族文化发展优势转化。力争到 2015 年，推出一批体现民族特色、反映时代精神、具有较高艺术水准的民族文化艺术精品。

牵头落实部门：市文广体局

主要配合部门：市级相关部门

2.发展重点文化产业

重点发展创意产业、文化旅游业和文艺演出业。充分调动社会资源，鼓励各类资本进入文化产品领域、文化服务行业、文化设施建设、动漫和网络游戏及其衍生产品的制作、新媒体及新业务的开发等，丰富昆明城市文化内涵，促进文化产业转型升级。实施重大文化产业项目带动战略，积极应用高新技术改造传统文化生产、营销和传播模式，催生新的文化业态，集聚文化生产要素，形成创意产业群和传播产业群，全力打造一批具有昆明特色、在国内外有影响力的文化品牌和创意品牌，为昆明文化产业园区的建设发展探索新路。到 2015 年，把昆明打造成面向东南亚、南亚的　创意之城　。

牵头落实部门：市文产办

主要配合部门：市文广体局、市科技局及市级相关部门

3.打造数字文化传播平台

充分运用新型的信息技术和现代传播技术，强力推进数字图书馆、数字博物馆建设，加大文化信息资源共享力度，为广大群众提供优质高效的网上信息服务。运用现代通信发展的先进技术，实现　三网融合，全面提高广播影视传播能力。加大文物保护力度，提高博物馆藏品的展示和传播水平，学习、吸收国内外先进的文物保护理念，开展文物保护单位保护规划编制，加强文物保护单位信息化建设，建立昆明市各级文物保护单位信息数据库。

　　牵头落实部门：市文广体局

　　主要配合部门：市级相关部门

4. 建设历史文化名城

保护历史文化遗产，发展城市人文环境，提升人造景观文化品位，推进历史文化资源和现代文化资源的融合。通过制定历史文化资源保护和利用的规划、政策措施，让星罗棋布的历史文化遗存、旅游景区、主体公园形成网络，覆盖整个城市，让丰富的历史文化资源成为现代城市生活的组成部分。着力打响 郑和 、 聂耳 品牌，使之成为昆明乃至云南的永久性品牌。

　　牵头落实部门：市规划局

　　主要配合部门：市级相关部门

5. 弘扬社会创新文化

通过组织开展全国科技活动周、全国科普日和 三下乡 等重大科普活动，弘扬 春融万物、和谐发展、敢为人先、追求卓越 的昆明精神，营造 勇于创新、宽容失败、开放包容、崇尚竞争 的创新文化，形成追求创新、鼓励创业、崇尚创造的良好社会氛围。支持科技人员开展学术交流，青少年进行发明创造，从业人员开展技能竞赛等创新实践活动，使一切有利于创新型城市试点工作的创新愿望得到尊重，创新活动得到鼓励，创新才能得到发挥，创新成果得到肯定，在全社会形成理解创新、支持创新、参与创新、推动创新的良好风尚。

　　牵头落实部门：创新型试点城市建设领导小组成员单位

6. 提升公众基本科学素养

贯彻落实《科学技术普及法》《全民科学素质行动计划纲要》等法律、法规和政策文件，完善科学技术普及工作协调机制，积极探索具有昆明特色的社会化办科普的新路径。搭建社会化科普服务平台，培养专业化的科普人才队伍，开展内容丰富的群众性科普活动。组织开展昆明市青少年科技创新大赛、青少年创新实验室建设等工作，培养青少年创新意识和能力。加强各级干部和公务员的科技培训；开展农村实用技术培训、科技下乡等科普活动，提高广大农民的科学素养，不断提升科普工作的水平和公众的科学素养。鼓励企业及其他社会力量依法兴办向社会开放的科普精品基地等各类科学技术普及场馆（所）和设施，广泛深入开展群众性、社会性、经常性的科普活动，传播科学知识、科学方法、科学思想、科学精神。力争到 2015 年，公众基本科学素养比例达到 3.2%。

牵头落实部门：市科技局、市科协

主要配合部门：市科普工作联席会议其他成员单位

（三）实施"桥头堡"建设科技创新行动

1. 建设云南科技创新园

抓住云南建设我国面向西南开放桥头堡的契机，利用现有的科技基础条件，聚集国际、国内科技资源，按照 一园多区 的模式，拟建设生物医药、保健品及绿色食品研发基地,有色金属精深加工和光电子材料、稀贵金属新材料研发中心，形成全国最具特色的有色金属新材料研发基地；建立科技机构（企业）总部，完善配套服务设施；建设现代农业科技研究开发、农产品精深加工等所需的配套设施。建立研发创新和公共科技服务及技术转移的平台，开展应用技术研究和成果转化。使其成为国家面向西南开放的科技创新与技术转移基地和昆明市乃至全省优势资源深度开发、特色优势产业科技成果转化最重要的创新平台，为昆明国家创新型试点城市提供强有力的支撑。

牵头落实部门：省科技厅

主要配合部门：市规划局、市国土资源局、市科技局、盘龙区、官渡区

2. 建设西南生物多样性实验室

充分发挥昆明地区科研机构、高等院校及企业在生命科学研究领域的科技与人才优势，立足西南地区优势的生物资源，通过多学科创新和集成，在遗传与进化生物学、生物化学、功能基因组学、生物多样性保护生物学、保育生物学、生态学等方面，建立 1～2 个在国际同领域具有强大竞争力和重要影响的生命科学与技术研究平台。

牵头落实部门：市科技局

主要配合部门：中科院昆明分院

3. 打造区域性国际技术转移中心

以政府主导合作为引导、企业合作为基础、院所合作为支撑、技术中介合作为纽带开展科技合作，吸引国内外著名企业、科研机构和高等学校来昆建设创新平台,共建产业技术创新联盟,落实昆明与中国科学院、

北京理工大学、浙江大学等名院名校的战略合作框架协议，继续吸引中国一流科研机构和高等学校的创新资源，鼓励企业与之建立 10 个省内外知名高等院校和科研机构加入的 技术转移联盟 ，以重点产业与战略新兴产业核心企业为主体的 产业技术创新战略联盟 5 个，国家级重点实验室和工程技术（研究）中心 4 个。

根据云南省周边国家经济社会和科技的发展水平，发挥昆明地缘相近、文化相通、创新资源相对集中的比较优势，举办 昆明国际科技博览会 ，搭建科技成果转化平台，大力开展科技招商，吸引国内外的科技成果来昆转化。使昆明成为互利共赢、内外联动的技术转移试验区，及我国面向西南开放的技术创新合作与技术转移的重要基地。

牵头落实部门：市科技局

主要配合部门：市商务局、市外侨办、市知识产权局

4. 建设高新技术产业化特色基地

以昆明国家高新技术产业开发区为主线，开展高新技术产业化特色基地建设，按照科技部高新技术产业化特色基地建设的要求，以营造创新创业环境和增强自主创新能力为核心，大力发展高端特色产业，着力推动产业结构调整，提升经济运行效率和水平，实现创新驱动和内生发展，带动辐射全市实现又好又快发展，形成有利于战略性新兴产业发展的软硬环境，为创新型城市建设奠定良好的基石。

牵头落实部门：高新区管委会

主要配合部门：市科技局及市级相关部门

5.建设科技公共服务平台

积极营造科技中介服务机构成长环境，搭建科技中介服务平台，建立和完善科技中介服务体系，发展技术市场，培养技术经纪人。建设昆明市科技资源创新应用服务平台，形成由科技资源与信息系统共享为核心的制度体系，和专业化人才队伍组成的服务于自主创新活动的数字化、集成化、网络化、智能化基础性支撑体系，促进科技资源高效配置和综合利用。

牵头落实部门：市科技局

主要配合部门：市级相关部门

6.大力推进知识产权工作

在泛亚产权交易中心建设中，以国家专利技术昆明展示交易平台为主体，建立检索、获取和交易便利的知识产权数据链和信息库，通过有效集成专利、商标、版权和其他知识产权资源，为专利技术的宣传展示、技术转移、成果转化等提供全面、快捷、便利的知识产权公共服务。发挥国家专利技术昆明展示交易中心在技术市场中的带动作用，大力发展知识产权代理机构，着力培养知识产权代理人和技术经纪人。

牵头落实部门：市科技局、市知识产权局

主要配合部门：市级相关部门

（四）实施现代旅游创新行动

1.开发旅游新产品

深入开发以高尔夫、大型主题公园、温泉 SPA、特色旅游小镇、高端旅游休闲度假酒店为主的旅游新产品，重点推进石林风景区、轿子山旅游区、安宁温泉旅游小镇、阳宗海度假区、环滇池旅游圈、世博新区六大景区开发和建设，增加　观光＋商务　、观光＋休闲　、商务＋度假　、　特种＋度假　等组合形态，形成观光产品与体验型产品并重的格局，推动昆明旅游产品从观光为主向复合型转变，把昆明建设成为国内外重要的观光、休闲、康体目的地。

2. 创新旅游管理体制机制

以昆明世博新区被列为全省旅游产业改革发展综合试点为契机，以西山风景区、阳宗海风景名胜区、轿子山等重点旅游区域综合管理体制改革为依托，进一步推进其他旅游重点区域管理体制机制的改革，进一步整合各方资源，突破行政区划限制，实现市域优质旅游资源的高效开发和管理。

3. 创新旅游营销模式

坚持不懈地采取　走出去，请进来　的方式，改变传统单一、各自为战的旅游营销模式，创新旅游营销模式，实施　点 - 线 - 面　相结合的旅游营销模式，推动以　石林 - 九乡风景区　和　云南民族村 - 滇池索道 - 西山风景区　为主的旅游营销整合工作。尝试开拓新兴网络直销或代理渠道，从传统的旅行社中介销售和景区（点）直销走向利用网络直销平台进行销售。强化旅游营销向　整体营销 - 重点项目营销　转变，对重点线路、重点旅游产品，针对重点客源市场开展重点营销。同时，积极探索　旅行社＋酒店＋航空公司　等新的旅游营销模式，吸引国内外旅游批发商前来昆明进行旅游 团购 。

4. 建设昆明 数字旅游平台

鼓励旅游科技成果应用于旅游业发展，逐步建立多层次的旅游安全应急保障及救助安全预警体系；建立健全旅游企业、旅游从业人员和旅游资源的基本信息库，建立游客广泛参与的诚信等级评价体系；合理布局旅游咨询信息中心，创新旅游集散中心服务功能和产品开发。充分利用企业资金和社会资金，推动旅游公共服务体系的建设。

5. 建设国际旅游城市

充分发挥昆明国际化门户城市的作用，在进一步做大做强自身旅游规模的同时，引领和服务全省旅游发展。通过文化资源与旅游资源整合、文化产业与旅游产业的协作，在民族文化、古滇文化等方面形成一批文化标志性景点，开展民族风情和历史文化旅游，构建文化旅游产业集群。进一步夯实旅游产业基础、推进旅游业态创新，促进旅游从单一的观光型向观光、休闲、度假、康体、会展、商务复合型转变。力争到 2015 年，旅游总收入达到 420 亿元，使昆明成为我国重要的创新型旅游目的地和面向南亚、东南亚的目的地型国际旅游胜地。

牵头落实部门：市旅游局

主要配合部门：市级相关部门、各县（市）区政府、滇池旅游度假区管委会、阳宗海风景名胜区管委会、轿子山旅游开发区管委会

（五）实施产业提升创新行动

1. 烟草及配套产业

加快适应世界卫生组织的卷烟技术标准，重点发展低焦油烤烟型和中式卷烟产品研制，加快新型烟用配套新产品的研发，提高卷烟原材料集约化生产技术。应用现代生物技术，进行烟草新品种选育，发展和应用集优质、节能、降害为一体的现代烟草综合利用技术。力争到2015年，实现烟草及配套工业增加值250亿元以上。

　　牵头落实部门：市工信委

　　主要配合部门：高新区、经开区管委会

2. 装备制造业

以数控机床、电力装备、铁路养护设备、矿山重型机械设备、自动化物流设备、汽车及关键零部件、农业及生物资源开发加工机械等行业为重点，实施一批关键共性技术研发、引进和产业化项目，通过数控机床、电力装备、铁路养护机械、现代物流及烟草机械四大先进制造基地的建设，进一步提升昆明装备制造竞争力。龙头企业集团和主要配套企业完成向基地集聚，实现装备制造业全面振兴，力争到2015年，实现工业总产值突破900亿元，工业增加值245亿元。

　　牵头落实部门：市工信委

　　主要配合部门：高新区、经开区管委会

3. 现代农业

实施 4210 工程，优化都市型农业功能结构，加快高新技术在农业中的推广应用，依托石林台湾农民创业园等农业创新园区，大力发展无公害、绿色、有机农产品，重点发展以农特产品精深加工为主的绿色产业，打造一批知名度高、带动力强、辐射面广的优质农产品品牌，提升农产品市场竞争力和农业综合生产能力。力争到 2015 年，实现农业增加值 220 亿。

牵头落实部门：市农业局

主要配合部门：市林业局及市级相关部门

4. 花卉园艺产业

依托昆明斗南花卉交易中心，大力发展 昆花 产业，以鲜切花及园林园艺为重点，发展特色花卉、高端花卉、具有自主知识产权的花卉新品种，推广花卉种苗、种球基地化种植、绿化苗木、盆栽观赏植物，以标准化生产为手段，以提高产品质量效益为核心，以花卉生产营销企业为龙头，以科技创新为支撑，应用现代技术，促进产业升级和发展。发展采后处理保鲜、冷链运输和新产品研发，推进鲜切花交易中心市场、空港经济区花卉物流及加工中心、花卉产业园区等重点项目建设，使昆明成为全国乃至亚洲规模最大的鲜切花生产和出口基地。力争到 2015 年，花卉总产值达到 120 亿元。

牵头落实部门：市农业局

主要配合部门：市级相关部门

5. 石油化工产业

按照国家能源发展战略和石油化工产业布局规划，以安宁市为主形成石油炼化及烯烃化工产业基地，以生产成品油为主，同时大力发展以乙烯、丙烯、ABC 树脂、芳烃、液化气等系列石化产品。通过延伸产业链，提高产业关联度和产品附加值，形成一期 1000 万吨 / 年石油炼化和100 万吨 / 年烯烃生产能力，将石油化工及天然气打造成为昆明新的支柱产业。力争到 2015 年，实现工业增加值 250 亿元。

牵头落实部门：市工信委

主要配合部门：市发改委、高新区管委会

（六）实施新兴战略产业创新行动

1. 新能源产业

积极发展以太阳能为主的新能源产业，不断提高新能源在全市能源结构中的比例。重点发展高效太阳能光伏、太阳能建筑一体化、大中型沼气工程、生物质能综合利用等技术，开展高性能太阳能与智能太阳能热水器等新能源产品的研发及产业化。力争到 2015 年，实现太阳能产业总产值 200 亿元以上，实现工业增加值 70 亿元。

牵头落实部门：市工信委

主要配合部门：市住建局、高新区管委会、经开区管委会

2. 新材料产业

以电子、电力电工、轨道交通、环保、能源、医用及新型墙体等新

材料的开发和产业化为重点，每年组织实施一批重大关键技术研究、新产品开发项目，加快产业竞争能力，加快管、板、带铜材产品和高强度宽幅铝合金产品及海绵钛、钛合金、钛材为主的钛产品等有色金属精深加工的产业化，重点突破稀贵金属提取与系列新材料生产技术，发展合金钢、超宽超薄型材、板材、线材、镀锌彩涂板等新材料。力争到2015年，工业增加值达到50亿元以上。

3.光电子产业

以昆明光电子产业基地为依托，重点发展红外硫系玻璃材料、锗单晶为主的新型红外光学材料、碲锌镉为主的高性能红外探测材料，加快光电子材料与特种零件的深加工技术的研发和产业化。扩大自助服务终端、金融电子化专用设备、信息安全技术、优势行业专用软件等产品的市场占有率。吸引国内外的高科技企业和知名大企业落户专业园区，发挥集聚效应。力争到2015年，产业销售收入达160亿以上，出口创汇4亿美元以上。

4.信息产业

重点发展信息制造业、光电子产业、物联网产业、信息服务业，按照信息产业　一个区域中心、三大重点聚集区、五个主要专业基地　建设布局，促进产业聚集化发展。同时昆明空港经济区、高新区、经开区三个开发区将电子信息产业发展列为园区发展的重点工作，吸引外地知名企业、整合本地骨干企业入驻园区，促进电子信息产业集约化、规模化发展。力争到2015年，产业增加值达100亿以上。

牵头落实部门：市工信委

主要配合部门：高新区管委会、经开区管委会

5. 生物医药产业

围绕中药、民族药科技支撑平台建设等六大推进工程的实施，重点开展具有自主知识产权的中药（民族药）组方高效筛选、重要中药材引种驯化、名药名方二次开发、禁毒及治疗艾滋病药品、中药新型制剂、预防或治疗疫苗、质量标准控制等技术和产品升级。鼓励发展基因工程药物、核酸酶制剂及药品等，使其成为最具发展潜力的新兴支柱产业。力争到2015年，实现工业增加值100亿元。

牵头落实部门：市工信委

主要配合部门：市卫生局、市食品药品监督管理局、高新区管委会、经开区管委会

6. 生产性服务业

重点发展传输服务、互联网信息服务、计算机服务和软件开发等，运输仓储、金融媒介、房地产、会计审计、创意和产品设计、广告、营销和国际贸易、售后服务等各种为制造业和社会生产性活动提供服务的现代服务业，围绕打造国际能源、国际金融、国际信息、国际物流和国际人才五大通道枢纽的战略目标，把现代生产性服务业打造成为昆明市的新兴产业。将昆明建成中国面向东南亚、南亚的区域性现代服务业枢纽。

牵头落实部门：市商务局、工信委

主要配合部门：高新区管委会、经开区管委会

（七）实施企业创新主体培育行动

1. 推进企业技术创新平台建设

引导企业建立与自身发展相适应的企业技术开发机构，以市场配置为主导，以政府扶持为手段，鼓励具有研发能力的企业建立技术中心，加快企业技术创新体系建设，构建一套支撑优势产业的技术标准体系。支持企业加大对引进技术的消化吸收再创新，力争到 2015 年，规模以上企业中拥有研发机构的企业所占比重达到 25% 以上。

牵头落实部门：市工信委

主要配合部门：市级相关部门

2. 大力提升自主创新产品和国家级新产品数量

鼓励自主创新，引导企业注重引进消化吸收再创新，积极培育创新型试点企业和知识产权试点企业，大力提高企业专利申请量在全市专利申请总量中的比重，鼓励专利的转化和应用。力争到 2015 年，本市拥有自主创新产品和国家级新产品数量达到 300 件。

牵头落实部门：省科技厅、市科技局

主要配合部门：市级相关部门

3. 建立科技创新投融资平台

以昆明市科技型中小企业投资引导资金为引导，不断完善科技创新投资机制、保障机制，吸引 10 家以上具有引导资金投资资格的投资机构来昆投资，引进和培育一批创业风险投资机构，支持我市的科技型中小企业发展，有效地放大财政科技投入。建立昆明科技创业投资基金，为科技型中小企业搭建投融资平台，缓解其融资难的瓶颈，促进科技型中小企业快速发展。

牵头落实部门：市科技局

主要配合部门：市级相关部门

4. 大力发展科技企业孵化器

健全以科技成果转化为重点的创新服务平台，按照政府引导、市场运作的方式，积极引导社会资本参与科技企业孵化器建设，落实《昆明市科技企业孵化器认定管理办法》和相应的扶持政策，力争到 2015 年，建成 20 家科技企业孵化器，形成孵化面积 40 万平方米和 1300 家以上在孵企业的规模。

牵头落实部门：市科技局

主要配合部门：市级相关部门

5. 培育创新型企业

通过实施重点科技创新项目，遴选一批企业开展创新试点，提升创新能力，使其成为最有创新活力、具有辐射带动效应的创新型企业。力争到 2015 年，采取培育市级创新型试点企业等措施，使国家级创新型试点企业达到 20 家以上。

牵头落实部门：省科技厅、市科技局

主要配合部门：市级相关部门

五、保障措施

（一）加强组织领导

成立以省委常委、市委书记为政委，市长和省科技厅厅长为组长，市政府分管副市长为副组长，高新区管委会主任、经开区管委会主任、市委秘书长、市政府秘书长、市政府分管副秘书长及市委组织部、市委宣传部、市科技、发改、工信、财政、统计等相关部门组成的 昆明市国家创新型试点城市工作领导小组 ，负责领导组织和统筹协调试点城市建设的各项工作；领导小组下设办公室，办公室设在市科技局，为领导小组的常设办事机构，适当核定人员编制，配备专职工作人员，落实经费，具体负责协调推进。

把创新型试点城市建设的工作纳入全市各级各部门的 十二五 总体规划，按照分层分级的原则，统筹安排，全面推进。各级各部门要根据科技部的《指导意见》，结合各自的职责，选准创新工作切入点，在抓好本实施方案落实的过程中，要拟定具体工作目标和方案一并抓好落实，确保完成创新型试点城市建设工作的目标任务。形成统一领导、统筹实施、各负其责、共同参与的工作机制。

（二）加大创新投入

切实贯彻《昆明市科学技术进步与创新条例》关于政府应当逐步提高科学技术经费投入总体水平的要求。每年市本级财政科学技术投入不低于当年同级财政一般预算支出的3％，其中用于应用研究开发的资金不低于 2%。县（市）区级财政科技投入占当年同级财政一般预算支出比例，按第一、第二、第三板块分别不低于 2%、1.5%、1% 安排。要完善科技投入的归口管理，切实改变政府科技经费的条块分割、分散重复投入状况。

云南省切实加强对昆明市国家创新型试点城市工作的指导和支持，省和市每年分别从省和市级应用与研发资金中安排不低于 1 亿元的经费，确保 5 年不低于 10 亿元，用于实施创新型试点城市建设的重大科技项目。

市级各部门要统筹用好滇池治理、新型工业化、民族文化建设、旅游发展、科技强警、节能减排、信息化建设等市级各类财政专项资金，合力推进创新型试点城市建设。

改进财政科技投入的模式和机制，充分发挥政府创新资源的导向作用。强化各项财政支持政策的创新导向，除国家、省有明确规定外，市和县（市）区两级财政对企业创新工作方面的支持，须将企业是否有 R&D 投入作为必要条件，引导和推动企业成为技术创新投入主体，通过项目支持和财政、税收、金融等政策的落实，引导和鼓励企业加大对技术创新的资金投入。

（三）完善配套政策

认真贯彻落实《中华人民共和国科学技术进步法》《云南省科学技术进步条例》和《昆明市科学技术进步与创新条例》等科技法律、法规，围绕增强自主创新能力、建设创新型城市这个核心，落实和完善鼓励自主创新的政策法规。结合《中共昆明市委 昆明市人民政府关于增强自主创新能力 建设创新型城市的决定》和《昆明市贯彻建设创新型云南行动计划实施方案》的实施,制定《昆明市国家创新型试点城市建设若干政策》,修订《昆明市专利资助及扶持办法》,对省内外的科技人员来昆申报各类专利和取得专利代理人资格的,给予资助及扶持。逐步建立有效的科技政策法律制度实施与监督机制,加强执法监督,将全市科学技术发展事业全面纳入法制轨道。

(四)强化协同推进机制

争取科技部和云南省科技厅的领导、支持和指导,形成国家、省、市三级协调推进的工作机制。加强引导、整合创新资源,形成中央和省属在昆高等院校、科研院所与昆明市的创新战略联盟;加强科技计划与相关行业计划的衔接,协调推进创新型试点城市建设重大项目的实施,提高公共服务效率;按照创新型试点城市建设的要求,改革市级科技计划管理体制和方式。

以市场需求为导向,建立与建设国家创新型试点城市要求相适应的市级科技计划体系及科技计划管理、监督、绩效跟踪和评价制度。以落实各项建设创新型试点城市的政策和任务为重点,组织实施科技计划。遴选与建设国家创新型试点城市相关的重大项目,作为 部省会商 、厅市会商 优先议题,争取国家和省的支持。

充分发挥知识产权联席会议的作用,开展各类知识产权保护专项行动,加强对重点行业、领域的知识产权保护,严厉打击假冒专利、商标等侵犯知识产权的违法犯罪行为,整顿和规范市场经济秩序。力争到2015年,百万人口拥有的有效商标注册量达到2700件。

（五）健全创新人才支撑体系

继续实施 人才兴市 战略，通过提高普及高等教育率，扩大劳动就业人员受教育比例，加快实现由人才资源大市向人才资源强市的转变。加强高等职业技术学院和中等职业技术学校的建设，整合昆明职业教育培训资源，促进产学紧密结合，创新人才培养机制，优化我市教育布局和学科设置，使人才培养适应经济社会发展的需要。

围绕建设创新型城市和提高自主创新能力，广开渠道，创新人才引进机制，本着以用为本的原则，加大引进支持力度，重点引进一批都市经济发展、装备制造、信息产业、国际金融贸易、现代物流、教育卫生、旅游文化产业等领域以及其他方面急需的海外高层次人才，力争到2015年引进高层次、科技领军人才60名。

积极探索人才投资、人才教育、人才流动、人才开发的新途径、新办法。加大柔性引才力度，牢固树立 不求所有、但求所用 的引才理念，引导各类人才在昆办企业、创新兴业，优化人才发展环境，用感情留人才。通过岗位聘用、技术聘用、项目聘用、任务聘用以及人才租赁、技术入股、技术引进、课题招标等灵活方式引才引智。在培养人才中营造宽松的发展环境，摒弃急功近利、急于求成的浮躁习性，使人才的创造潜能得到最大发挥，个人价值得到最大实现。尊重人才的处事方式和生活态度，为国内外人才在昆明工作、生活、学习创造文化认同氛围。

整合各类人才奖励项目，设立杰出人才奖、特殊贡献奖等奖励项目。坚持和健全惩戒制度。研究制定知识、技术、管理等要素按贡献参与收入分配的实现形式和办法。对企业经营管理人才和专业技术人才，实行管理技术、智力、成果等　知识资本　参与分配，允许和鼓励企事业单位高薪聘用高层次人才及实行协议工资制和年薪制。建立高技能人才的使用激励机制。推行技师、高级技师聘任制度，试行首席技师制。关心各类人才的身心健康，健全各类人才的休假、健康检查等制度。

以生产实践一线为重点，继续加大对中青年学术和技术带头人及其后备人选的培养力度，构建优势学科专业人才群体、省市学术技术带头人群体、青年创新人才群体和支柱产业人才群体，实现优秀人才集群化发展。鼓励和支持高层次人才参加国际学术交流研讨活动，参与国际重大科学计划和工程项目，到国际机构和国际学术组织担任职务，不断提高他们的科技创新能力。力争到 2015 年我市各级创新团队达到 100 个。

（六）健全绩效考核评价和统计监测体系

加强对创新型试点城市建设工作的督促检查。市委目标督查办公室、市政府目标督查办公室要完善全市差别化考核体系，将创新型试点城市建设监测评价的指标，纳入对全市有关部门、开发区和县（市）区的年度考核指标中进行考核。把以企业为中心重视科技投入、重视专利增长速度、重视高新技术产业发展、重视公众科学素养提升等作为评价领导干部是否真正抓创新型试点城市工作的重要内容。

按照《昆明市创新型试点城市监测评价指标》的要求，应按《中共昆明市委办公厅 昆明市人民政府办公厅关于进一步加强部门统计工作的通知》（昆办通〔2010〕36 号）要求，由各相关部门（单位）负责建立部门统计制度，由统计局等部门负责相关数据搜集，报昆明市国家创新型试点城市领导小组办公室，反映昆明市国家创新型城市的发展动态，评估昆明创新型城市的进程、成绩与差距。

六、进度安排

（一）启动开展阶段（2010 年）

1. 成立昆明市国家创新型试点城市工作领导小组；

2. 制定《昆明市国家创新型试点城市工作实施方案》；

3. 召开昆明市国家创新型试点城市建设工作动员大会；

4. 改革市级科技计划体制，启动实施创新型试点城市重大专项；

5. 制定出台《昆明市国家创新型试点城市建设若干政策》；

6. 将国家创新型试点城市建设的监测评价指标，从 2011 年起，纳入对全市有关部门、开发区和县（市）区年度考核指标中，明确责任分工；

7. 加大宣传力度，为开展国家创新型试点城市建设营造良好的氛围。

（二）推进实施阶段（2010 ～ 2012 年）

通过 3 年的努力到 2012 年末，在烟草及配套、装备制造、生物医药、稀贵金属新材料、光电子信息、服务贸易等重点产业，实现核心技术和关键技术的重大突破；应用高新技术改造提升传统产业取得重大进展，节能减排、清洁生产先进适用技术和装备得到广泛应用；形成一批具有昆明特色的高新技术产业集群，建成一批重大科技创新基地和公共服务平台，科技创新能力有较大提升，高新技术产业增加值占工业增加值比重达到 24% 以上，发明专利授权量年均每百万人达到 65 件，商标注册申请量年均增长率保持在 6% 以上。各级企业技术中心达到 130 个以上，全市具有基本科学素养公众的比例达到 2.8% 以上。

（三）基本建成阶段（2013 ~ 2015 年）

总结分析前两个阶段的工作进展情况，学习、借鉴其他创新型试点城市的好做法，剖析问题、查找不足，根据科技部对国家创新型试点城市建设的总体安排部署，对主要指标完成情况作出适当安排，加大对薄弱指标的督导检查和工作力度。到 2015 年下半年，认真总结提炼试点工作的成效和经验，推广成功经验，夯实巩固试点基础，促进试点工作成果的规范化和制度化，形成长效机制，做好验收的相关工作，全面圆满地完成昆明国家创新型试点城市建设的目标任务，把昆明建设成为产业优势明显、引领作用突出、创新人才荟萃、创新氛围浓厚的创新型城市。

（昆政发〔2010〕97 号）

昆明市国家创新型试点城市建设若干政策

为深入贯彻落实《国家中长期科学和技术发展规划纲要（2006—2020 年）》若干配套政策，抢抓桥头堡建设战略机遇，在全社会营造激励自主创新的政策环境，加快把昆明建设成为中国面向西南开放区域性国际城市，扎实推进国家创新型城市试点工作，结合昆明市实际，特制定以下政策。

一、加大财政科技创新投入

（一）建立财政科技投入稳定增长机制，市、县（市）区财政用于科学技术经费的增长幅度，应当高于同级财政经常性收入的增长幅度。市本级财政科学技术投入占当年同级财政支出的比例不低于 3%，其中用于应用研究开发的资金不低于三分之二。县（市）区级财政科技投入占当年同级财政一般预算支出比例，按第一、第二、第三板块分别不低于 2%、1.5%、1% 安排。到 2015 年，地方财政科技拨款占地方财政一般预算支出的比重不低于 2.2%。

责任部门：市财政局。

（二）按照"统一规划、统筹安排、竞争立项、集中投入、引导投入、放大效应、分类实施、绩效挂钩、各尽其责"的基本原则，将每年度市本级预算安排的新型工业化与节能减排专项资金、科技计划项目资金、科技型中小企业技术创新基金、科技强警资金、信息化建设资金等各项市本级财政科技专项扶持资金和新增的财政科技投入统筹安排使用，发挥财政科技创新资金的整体效益。各专项资金仍按原资金管理办法使用，项目的安排必须纳入当年全市科技创新发展计划。

责任部门：市财政局、市科技局、市工信委、市公安局。

（三）加大对创新型城市试点工作的支持力度，"十二五"期间，每年市级应用与研发资金中安排不低于 1 亿元的经费，确保 5 年不低于 5 亿元；争取省对昆明市创新型城市建设的支持力度也能达到每年 1 亿元，5 年 5 亿元，用于实施创新型试点城市建设的重大科技项目。

责任部门：市财政局、市科技局。

二、落实国家自主创新税收政策

（四）国家需要重点扶持的高新技术企业，按减 15% 的税率征收企业所得税。

（五）创业投资企业从事国家需要重点扶持和鼓励的创业投资，可以按投资额的一定比例抵扣应纳税所得额。创业投资企业采取股权投资方式投资于未上市中小高新技术企业两年以上的，可按其投资额的 70% 在股权持有满 2 年的当年抵扣该创业投资企业的应纳税所得额。

（六）企业从事符合条件的技术转让所得可以免征、减征企业所得税。居民企业从事技术转让，一个纳税年度内转让所得不超过 500 万元的部分，免征企业所得税，超过 500 万元的部分，减半征收企业所得税。

（七）企业的固定资产由于技术进步等原因，确需加速折旧的，可以采取缩短折旧年限或者采取加速折旧方法。

（八）除国务院财政、税务主管部门另有规定外，企业发生的职工教育经费支出，不超过工资薪金总额 2.5% 的部分，准予扣除；超过部分，准予在以后纳税年度结转扣除。

（九）企业开发新技术、新产品、新工艺发生的研究开发费用，可以在计算应纳税所得额时加计扣除。在扣除时，未形成无形资产计入当期损益的，在按照规定据实扣除的基础上，按照研究开发费用的 50% 加计扣除；形成无形资产的，按照无形资产成本的 150% 摊销。

（十）自 2011 年 1 月 1 日至 2020 年 12 月 30 日，对设在西部地区的鼓励类产业企业减按 15% 的税率征收企业所得税。上述鼓励类产业企业是指以《西部地区鼓励类产业目录》中规定的产业目录为主营业务，且其主营业务收入占企业总额 70% 以上的企业。

（十一）对单位和个人（包括外商投资企业、外商投资设立的研究开发中心、外国企业和外籍个人）从事技术转让、技术开发业务和与之相关的技术咨询、技术服务业务取得的收入，免征营业税。

责任部门：市国税局、市地税局。

三、推动科技金融全面结合

（十二）昆明市科技型中小企业投资引导资金及其他的昆明市政府引导基金以阶段参股、跟进投资、风险补助和投资保障等投资方式引导投资机构向科技型中小企业投资。

责任部门：市财政局、市科技局、市金融办。

（十三）营造良好的金融市场环境，加大银企合作力度，鼓励金融产品和服务创新，引导银行资金向科技型中小企业倾斜；探索保险资金投向我市科技型中小企业；建立和完善我市融资担保和再担保机制；培育和支持符合条件的科技型中小企业在境内外资本市场上市融资，按照《昆明市关于加快资本市场发展的实施意见》给予奖励；发挥政府引导基金作用，大力培育和引进创业投资、股权投资机构，引导民间资本投向我市科技型中小企业，按照《昆明市关于促进股权投资基金发展的若干意见》给予奖励。

责任部门：市金融办、市财政局、市工信委。

（十四）搭建中小企业科技创新的金融服务平台，积极与驻昆银行业金融机构开展合作，构建 科技创新金融服务中心 ，逐步建立银行业金融机构与科技型中小企业稳定合作关系，探索和推动我市科技创新型企业实现知识产权、股权等无形资产抵（质）押融资。

责任部门：市金融办、市科技局。

四、增强企业自主创新能力

（十五）积极开展市级创新型企业试点工作，对创新型试点企业安排10万元创新试点引导经费，试点企业按不低于3：1的比例配套，专项用于试点企业提升企业技术创新能力的项目；鼓励市级创新型企业申报国家、省级创新型企业试点，获国家、省级认定的，对企业给予20万元、10万元奖补，专项用于提升企业技术创新能力的项目。

（十六）扶持企业建立技术中心，开展技术创新和产品研发。并通过国家、省、市认定的企业技术中心建设项目，分别给予30万元、20万元、10万元奖补。

责任部门：市工信委。

（十七）加强企业科技孵化器建设，对通过市级企业科技孵化器认定的，一次性给5万元；对通过国家级、省级认定的，分别给予4万元、2万元奖补；当孵化器毕业企业累计每达到20家时，给予10万元奖补。

责任部门：市科技局。

（十八）大力促进高新技术产业发展，对昆明市内通过国家级高新技术企业认定的高新技术企业，优先推荐申报国家及省科技计划，市级科技计划和科技型中小企业创新基金优先给予扶持，对省外高新技术企业将研发总部迁入我市，符合我市战略性新兴产业发展方向，年销售额超过1亿元人民币的高新技术企业，优先列入我市重大科技项目。大力扶持我市高新技术企业上市融资，具体扶持办法另行制定。

责任部门：市科技局

五、加快推进产学研平台建设

（十九）对辖区外的国家级重点实验室和工程技术研究中心来我市设立分支机构的，安排不低于 200 万元的国家级重点实验室和工程技术研究中心建设引导经费，该机构按不低于 3∶1 的比例配套，专项用于提升该机构的科技创新能力；对省级重点实验室和工程技术研究中心升格为国家级的，采取后补助方式给予 100 万元奖补。

责任部门：市科技局。

（二十）围绕昆明市重点发展的产业和领域，组建 产业技术创新战略联盟 ，支持联盟作为独立主体积极参与国家、省级科技计划申报和组织实施。对认定的联盟每个安排 10 万元引导经费，战略联盟按不低于 3∶1 的比例配套，专项用于提升企业技术创新能力的项目；对被认定为省级、国家级的联盟，采取后补助方式给予 10 万元奖补。鼓励企业与国内外知名高等院校和科研机构建立 技术转移联盟 。

责任部门：市科技局。

（二十一）对确定为昆明市创新型试点县（市）区一次性给予 10 万元的试点经费支持，主要用于开展创新体制机制、构建区域创新体系、先行先试创新政策的制定和落实等工作。对试点县（市）区本级财政科技经费用于重大科研任务、重点技术创新、重点创新基地和创新服务平台建设、创新创业人才培养和引进等方面的资金，市科技计划 国家创新型试点城市实施专项 按 1∶1 比例优先配套支持。对县（市）区获得国家、省科技计划支持的项目，市科技计划 国家创新型试点城市实施专项 优先配套支持。

责任部门：市科技局。

（二十二）对被国家科技部认定为高新技术产业化特色基地的，基地产业链上的企业、高等学校、科研机构优先承担市级科技计划项目。

责任部门：市科技局。

六、支持科技成果顺利转化

（二十三）鼓励与支持企事单位进行科技成果转化，对于促进科技成果转化取得实效并获国家、云南省科学技术奖的，依据《昆明市科学技术奖励办法》（市政府第35号公告）给予再奖励。

责任部门：市科技局。

（二十四）支持企业开展国家级新产品申报、认定，对获得国家级新产品认定企业，每件给予10万元的奖补。

责任部门：市科技局。

七、鼓励知识产权创造应用

（二十五）鼓励和支持市场主体创造和运用知识产权，加大专利资助力度。国内专利授权资助：发明专利获授权，每件资助2500元；实用新型专利获授权，每件资助1000元；外观设计专利获授权，每件资助200元；国外专利授权资助：美国、日本、欧盟各成员国等国家的发明专利获授权，每件资助3万元；实用新型专利获授权，每件资助2万元；其他国家的发明专利获授权，每件资助2万元；实用新型专利获授权，每件资助 1 万元。同一件专利最多资助 2 个国家或地区。

责任部门：市知识产权局。

（二十六）继续支持企事业单位开展知识产权试点示范工作。对被列入国家知识产权示范和试点的企事业单位，分别给予 10 万元和 8 万元的扶持；对被列入云南省、昆明市知识产权示范和试点的企事业单位，分别给予 6 万元和 4 万元的扶持。申报时同时满足多个条件的，按最高金额给予扶持；逐级晋级的，补足差额；对同一企业累计扶持金额不超过 10 万元。

责任部门：市知识产权局。

（二十七）大力推进企业品牌战略。对新获得 中国名牌产品 中国驰名商标 的企业，由同级财政给予每件奖励 20 万元；对新获得 云南省著名商标 云南省名牌产品 的企业，由同级财政给予每件奖励 10 万元；对新获得 昆明市知名商标 昆明市名牌产品 的企业，由同级财政给予每件奖励 2 万元。

责任部门：市质监局、市工商局

八、激励科技人才创新创业

（二十八）用人单位引进的海外高层次创新人才项目或创新团队，经评审认定后由市财政给予 50 万元的一次性项目研发经费；引进海外高层次创新人才或创新团队，由市财政给予人均 30 万元一次性安家费补助。

责任部门：市财政局、市人社局。

支持企事业单位围绕昆明支柱产业，特色产业和战略新兴产业，创创建市级科技创新团队。对批准创建科技创新团队的单位，市级科技计划经费中安排不低于 20 万元的引导经费，承担单位按不低于 3:1 的比例配套，创建昆明市科技创新团队，提高我市自主创新能力和重点产业、行业的核心竞争力。

责任部门：市科技局。

（二十九）进一步加大高层次人才培养力度。对确认为学术带头人及后备人选的，且年度考核结果为　实现培养计划目标　的，给予带头人 3 万元、后备人选 5000 元的津贴；考核结果为　基本实现培养计划目标的，给予带头人 1 万元、后备人选 2000 元的津贴。

责任部门：市科技局。

（三十）鼓励科技人才来我市创新创业，对符合条件的自主创业者给予 30 万元创业扶持资金；引进人才自主创办的企业，可享受不超过 200 万元的小额担保贷款贴息扶持政策；创办企业产业化运作后，三年以内按照应缴税额的 10%～20% 由同级政府补助给引进的自主创办企业人才。对引进人才自主创办的创新型企业给予财政返还奖励政策。增值税地方留成部分给予两免三减半；三年内缴纳个人所得税地方留成部分，由同级政府全额奖励补助；所得税地方留成部分给予五免五减半。

责任部门：市人社局。

本政策自颁布之日起实施。国家政策若有重大调整或另有规定，本政策有关条款将予以相应调整。

（昆政发〔2011〕91 号）

昆明市人民政府关于进一步加快科技创新公共服务平台建设促进国家创新型试点城市建设的实施意见

各县（市）、区人民政府，市政府各委办局，各国家级、省级开发（度假）园区，各直属机构：

科技创新公共服务平台（以下简称 创新平台 ）是聚集创新要素的重要载体，是区域创新体系的重要组成部分，对完善产业创新能力、改善投资环境、提高自主创新能力、促进科技与经济社会发展紧密结合具有重要意义。为认真贯彻全国科技创新大会精神，使企业真正成为技术创新主体核心，进一步完善昆明区域科技创新体系建设，通过政、产、学、研、用的紧密结合，整合资源、聚集创新要素，建设六大创新平台，提升昆明科技创新能力，推进昆明市国家创新型试点城市建设，根据《中共中央国务院关于进一步深化科技体制改革建设国家创新体系的意见》，特制定本实施意见。

一、加快创新平台建设的指导思想、基本原则

　　加快创新平台建设是贯彻党的科技方针、政策的要求，是构建区域创新体系、有效支撑传统产业升级、引领战略性新兴产业发展、促进经济发展方式转变的重要举措，是促进建立更加高效、充满活力的科技创新环境的有力抓手，也是新一轮深化科技体制改革的重点任务之一。中共昆明市委、昆明市人民政府历来高度重视科技进步与创新，强调创新平台是促进科技创新的重要载体与主要抓手，采取了一系列的政策和措施，支持科技成果转化、科技资源共享、创新能力提升和科技创新人才服务等各类创新平台的建设，并取得一定成绩。但与其它国家创新型试点城市中的省会城市相比，我市创新平台建设仍存在一定差距，突出表现在缺乏全市层面的整体规划，投入明显偏低，平台总量不足、配置不当，建设和管理总体水平较低，共享机制和相关制度保障有待进一步加强，与国内外交流与合作明显不够，导致科技成果转化率不高，难以对全市产业发展和创新能力的提升提供有效支撑。因此在今后相当长一段时期内创新平台建设的任务仍十分艰巨。

（一）指导思想

　　十二五 期间，围绕国家创新型城市试点目标与任务，把建设具有公益性、基础性、战略性、实用性创新平台作为重点，制定全市创新平台建设的总体规划并分步实施，进一步加大财政科技经费对创新平台建设的支持力度，充分体现公共财政对创新资源配置的引导作用，突出科技的支撑引领作用，完善以资源共享为核心的创新平台管理制度和政策，

整合科技资源、提升现有各类创新平台功能；应用现代信息技术和国内外资源，加快昆明创新平台建设，有效改善科技创新环境，为持续增强昆明发展的后劲和竞争力提供有力支撑和保障。

（二）基本原则

1.政府引导、多方共建。充分发挥科技、财政等政府部门在公共资源整合中的引导作用，着力强化企业技术创新的主体地位，提高科研院所、高等学校服务经济社会发展能力，促进政、产、学、研、金、介、用等创新要素紧密结合，开放共建共享创新平台，推动创新体系协调发展。

2.统筹规划、分步实施。强化顶层设计和统一规划，按照不同类型科技创新平台的特点和规律，根据全市各类产业发展的需求，突出特色、重点先行、逐步推进。

3.综合集成，优化配置。充分体现整合、完善、提高的要求，有效激活存量资源，结合区域特点和优势，拓展增量资源，争取更多的创新平台成为国家和省级创新平台，形成独具昆明特色的创新平台格局。

二、加快创新平台建设的重点内容

建设提升企业创新能力、技术转移和科技成果转化服务、科技创新综合服务、科技创新投融资服务、科技创新人才服务和县（市）区科技创新示范等促进科技进步、服务经济发展方式转变的六大创新平台，形成布局合理、层次分明、功能齐全、运转有效的科技创新公共服务体系，为提升昆明自主创新能力、促进全市经济社会又好又快发展提供有力支

撑。围绕新材料、生物医药、装备制造、新能源、光电子和现代农业等
重点产业的发展，推动我市科技创新平台建设取得重大突破。

（一）建设提升企业创新能力平台

企业创新平台是政府支持、企业自建用以提升本企业自主研发能力
和创新能力的技术研发创新平台，包括创建企业技术中心、工程技术研
究中心、创新型企业及特色产业化基地等形式。其功能是不断推进新产
品研发，大幅度提升产品技术含量及附加值，使企业拥有优势技术，提
升企业创新能力。企业是该类平台建设、维护和使用的主体。 十二五
期间，重点是继续支持企业技术中心、创新型企业、国家级高新技术产
业化基地等提升企业创新能力的平台建设。全市大中型工业企业已在稀
贵金属开发、现代物流技术、电子信息等领域拥有企业研发机构 59 个，
到 2015 年要力争达到 90 个以上；全市各级企业技术中心已在高端装备
制造、生物疫苗等领域拥有 167 个，到 2015 年要力争达到 250 个以上，
其中国家级企业技术中心 15 个以上；全市各级科技创新型企业已在光电
子技术等领域拥有 100 个，到 2015 年要力争达到 180 个以上，其中国家
级 20 个以上；全市已在有色及稀贵金属、金融电子、物流、软件等方面
拥有 5 个国家级高新技术现代服务业产业化基地，要在现有 5 个的基础
上，到 2015 年，通过在光电子信息、高端装备制造业、磷化工产品深加
工等重点发展产业与领域方面的重点培育，力争要达到 10 个以上。

责任单位:市科技局、市工信委,高新区管委会、经开区管委会,各省、
市级工业园区

（二）建设技术转移及科技成果转化服务平台

技术转移及科技成果转化服务平台是加速技术转移及成果转化的重要载体，其宗旨是利用先进技术改造和提升传统产业、加快发展高新技术产业、优化和调整产业结构，达到促进政、产、学、研、用的紧密结合，促进科技成果转化为现实生产力的目的。 十二五 期间，昆明重点是依托具有较高研发与技术辐射能力强的高等院校、科研院所以及大中企业，建设一批以共性技术和关键技术研究与服务为主的高水平的创新平台。重点实验室建设要在现有新材料制备与加工、工业微生物发酵工程、天然药物化学等 35 个的基础上，到 2015 年使各级重点实验室力争达到 50 个以上，其中国家级 5 个以上；工程技术研究中心建设要在现有冶金节能减排、新能源等领域已有各级 48 个的基础上，到 2015 年各级工程技术研究中心力争达到 70 个以上，其中国家级 5 个以上；在钛产业、环境保护工业资源循环利用、民族药开发、贵金属材料产业等领域已有 12 个产业技术创新战略联盟的基础上，再建设红外光电子、功能性新材料、智能建筑及物联网等 10 个技术转移联盟和 17 个产业技术创新战略联盟，其中国家级 1 个。

责任单位：市科技局、市工信委、昆明产权交易中心，各高校、科研院所

（三）建设科技创新综合服务平台

科技创新综合服务平台是根据区域经济、科技、社会发展需求和优势特色产业特点，以科技资源集成开放和共建共享为目标，通过培育、

涵养、凝聚、整合、优化科技资源，完善相关基础条件设施，建立产学研用工作机制，提升公共技术服务能力，具有综合性、公益性、共享性、开放性、中介性、服务性、导向性和创新性特征的现代科技公共服务平台，其宗旨是为科技型中小企业科技创新发展提供各类服务。 十二五 期间，重点是实施创新平台建设示范工程，在昆建设 云南科技创新园 和 昆明科技创新中心 ，使其成为集聚全市科技服务资源，形成集人才培育、技术转让、科技咨询、科技评估、科技信息、成果转化服务、科技型中小企业孵化、高新技术企业和创新型企业培育、重点实验室和工程技术研究中心、创新投融资、知识产权保护、公共技术、大型仪器共享等特色鲜明的科技服务体系，打造知名的科技服务品牌，成为引导科技创新发展的战略高地，自主创新资源的集中地，技术转移和成果转化的示范扩散基地，产业结构调整、发展方式转变的创新支撑点，为区域创新与创业活动提供全过程、全方位的高品质服务。

采用政府引导、社会资本参与、市场运作的方式建设国际化、专业化、多元化、规模化的科技企业孵化器及各类产业创新公共服务平台；大力支持社会各界发展民营科技孵化器。在现有昆明北理工科技孵化器、昆明五华创业服务中心等 15 个科技企业孵化器的基础上，到 2015 年各级科技孵化器力争达到 20 个以上、孵化面积 40 万平方米以上、在孵企业达到 1300 个以上的规模，其中国家级科技企业孵化器达到 10 个以上。抓好 昆明五华创新驿站 服务科技型中小企业、 呈贡大学科技创业服务平台 服务大学生创新创业的试点工作。

责任单位:市科技局、市规划局、高新区管委会、经开区管委会、省、市级工业园区

（四）建设科技投融资服务平台

科技投融资服务平台是由投资主体依托投资建设单位的优势，争取政府的政策支持并引入社会合作资源建设的创新服务平台；旨在为科技型中小企业提供技术产权交易、创新基金资助、政策性金融信贷、科技创业投资、科技贷款担保、境内外上市辅导等服务。十二五期间，昆明重点是以政府引导，整合社会资源，放大财政资金，扩大社会自主创新投入，建立并完善以科技信贷、上市融资、股权交易、风险投资为手段，科技保险、融资担保、知识产权质押等为保障的多元化科技创新投融资服务体系。在继续发挥昆明市科技型中小企业技术创新基金、昆明市科技型中小企业投资引导资金作用的基础上，积极探索由政府和投融资机构共同设立昆明市科技创新投资基金。支持私募股权投资等社会资金投入创新平台建设，鼓励企业争取各类国际基金开展创新活动，积极探索与金融机构合作创办新的科技投融资平台，开拓融资新渠道，培育科技金融中介服务机构。创新财政投入机制，支持中小企业融资壮大实体经济促进创业就业。支持具备条件的高新技术企业、科技型中小企业上市，在目前已有 5 家中小企业上市的基础上，到 2015 年，力争全市在主板、创业板、中小板以及新三板等证券市场上上市的中小企业达到 12 家以上。

责任单位：市金融办、市工信委、市财政局、市科技局、市人社局、高新区管委会、经开区管委会

（五）建设科技创新人才服务平台

科技创新人才服务平台是以昆明优势特色产业、战略性新兴产业发

展的需求为导向，培养、引进和集聚与昆明产业结合度高、实用型的科技创新人才平台；主要由科技创新团队、院士工作站、博士后科研工作站、科研院所、企业技术中心、企业工程技术研究中心等组成。十二五 期间，昆明重点是以昆明市特色产业发展的需求为导向，结合高层次创新创业人才示范基地建设，打造掌握核心技术、拥有自主知识产权、具有一流科技研发水平和创新能力的科技创新团队，重点建设一批院士工作站，鼓励企业建设博士后科研工作站等创新人才服务平台。在现有的昆明力神重工有限公司高精度轧制技术及其成套设备研制、昆明云内动力股份有限公司节能环保乘用车柴油机研发、昆明市延安医院心血管外科治疗技术 80 多个各级科技创新团队基础上，继续加大培育力度，到 2015 年力争累计达到 150 个以上，其中省级科技创新团队 100 个以上。在现有袁隆平院士、戴景瑞院士等 12 个院士工作站的基础上，到 2015 年力争达到 50 个以上。在现有昆明中铁大型养路机械集团公司、云南烟草科学研究院、昆明医学院第二附属医院等 10 个博士后科研工作站的基础上，到 2015 年力争达到 20 个。

责任单位：市委组织部、市人社局、市科技局、高新区管委会、经开区管委会

（六）建设县（市）区科技创新示范平台

县（市）区科技创新示范平台是按照科学发展、创新发展、跨越发展的要求，以支撑县（市）区产业转型发展为目的的创新平台。采取市县联动、以县为主，形式多样、重点推进的方式建设，通过示范引领带动县（市）区创新发展。十二五 期间，昆明重点是规划布局区域创新

体系建设，培育县（市）区的特色创新平台。围绕创新型试点城市工作的要求，按照统筹规划、分级建设管理、突出优势特色的思路，各县（市）区应根据本地特色产业发展的需求，加大创新平台的建设力度，支撑经济社会可持续发展。到 2015 年，创新型试点县区或有条件的县（市）区、开发区应重点新建设 1 个科技企业孵化器或服务本地特色产业发展的创新平台，形成全市科技创新公共服务平台布局合理、联动发展、特色鲜明的创新平台体系。

责任单位：各县（市）区人民政府、高新区管委会、经开区管委会

三、加快创新平台建设的六大措施

当前和今后一个时期，是昆明城市化、工业化和农业现代化的加速期，加快转变经济发展方式的攻坚期，建设现代新昆明、全面建设小康社会、推进区域性国际城市的关键期；也是昆明开展国家创新型城市试点工作、加快创新平台的建设、构建区域创新体系，向国家创新型城市迈进的黄金期。国家实施新一轮西部大开发战略，云南省桥头堡建设提升到国家战略层面，使昆明赢得了良好的发展先机。全市各级各部门一定要把创新平台建设作为全市工业跨越发展的支撑平台、提升城市核心竞争力的重要载体来抓，作为国家创新型城市试点的核心任务来抓，以高度的历史责任感，加快创新平台建设，特别是整合资源、突出重点，抓好重大创新平台建设，让科技资源厚积薄发，在国家创新型城市试点工作中做出特色。

（一）加强指导，规划构建创新平台

把加快创新平台的建设作为昆明国家创新型城市试点建设的重要内容，在市国家创新型试点城市工作领导小组的统一领导下，统筹规划、部门协调，共同推进。根据全地区科技资源分布的实际，针对当前和今后一段时期全市经济社会发展对科技创新的需求，特别是高新技术产业发展的趋势，区别轻重缓急和具体条件，循序渐进、积极稳妥推进创新平台建设。要最大限度的与国家和省科技创新平台建设的计划相衔接，充分利用国家和省在昆的创新平台资源，实现开放和共享，形成布局合理、技术先进、功能齐全、共享高效、服务规范的创新平台体系。加快建设具有昆明特色的创新平台，为具有比较优势和特色支柱产业自主创新提供支撑和服务。

（二）创新机制，科学管理创新平台

学习借鉴国内外创新平台管理的先进经验和模式，针对不同创新平台的特点，研究制定相应的技术标准和规范，指导和规范创新平台的投入、建设、管理和使用等行为，界定平台拥有者、使用者和管理者之间的关系，明确各方的权利和义务、对象与范围、服务模式，完善实现共享的运行机制。对于基础科学研究平台，主要采用共建共用、开放流动的方式实现共享，对于大型科学仪器设备，通过研究制定《昆明市大型科学仪器设备资源共享管理办法（暂名）》，规范运作方式实现共享。对于科学数据与科技文献按有偿服务原则建设专业化系统。

为最大限度使用好有限的公共财政资源，在创新平台建设中严格规范公共财政资金的使用和投向，按照职责明确、评价科学、扶优淘劣、动态管理的原则，从创新成果、创新制度、创新人才、创新服务等方面，建立健全创新平台建设的财政资金绩效评价体系和平台运行的绩效评价机制，逐步实现政府目标、经费投入与平台建设运行绩效挂钩，确保投入平台建设的资金高效使用。

（三）加大投入，多元投资创新平台

在建设创新平台过程中，充分发挥市场配置科技资源的基础性作用，积极引导和调动社会各方面的积极性，建立和完善投融资激励机制，吸引社会团体、企业、个人以及国内外投资者共建共享创新平台，形成全社会参与的多元化投入机制。紧扣昆明优势特色产业的发展需求，鼓励国家、省市企业和高等院校共建研发和成果转化平台。要充分发挥政府在创新平台建设中的引导作用，市县两级都要按照《昆明市科技进步与创新条例》的规定，确保财政科技投入法定增长。从 2013 年起，在市级科技计划中设立   创新平台建设专项 ，加大科技计划经费的投入，重点支持各类创新平台建设。

（四）制定政策，企业打造创新平台

认真落实国家、省和昆明市及《昆明市国家创新型试点城市建设若干政策》中有关扶持创新平台建设的政策。根据创新平台的发展要求和特点，在广泛调研和借鉴先进城市做法的基础上，围绕落实企业研发费用税前加计扣除、促进科技与金融结合、加速科技成果转化、培养高层次创新人才等方面，制定完善具体的扶持政策，使企业成为研究开发的主体、创新平台投入的主体、创新成果应用的主体、创新人才聚集的主体，加快产学研结合和名优新特产品研发，创造和保护自主知识产权，不断增强企业核心竞争力。

在创新平台建设过程中，要紧紧抓住 桥头堡 发展战略机遇，充分发挥昆明泛亚产权交易中心专利技术交易平台以及昆明市技术转移中心的作用，进一步扩大与东南亚、南亚间的国际科技合作，加强与国内发达地区在创新平台建设方面的合作与协调，鼓励区域内各类企业、高等学校、科研机构以及中介服务机构与国内其他研究机构合作建立网络化共享平台。

（五）聚集资源，建设重大创新平台

把昆明科技创新中心建设作为 十二五 时期全市创新平台基础设施建设的重大项目来抓，2012 年由市科技局与昆明高新技术产业开发区管委会牵头，财政、规划、土地、建设、国资等相关部门共同制定具体建设方案，报市政府审定，完成建设的前期工作，2013 ～ 2015 年由牵头单位负责组织实施完成，建成并按照制定的管理制度运营。

把县（市）区的创新平台建设作为构建区域创新体系和创新型县（市）区试点的重要内容，通过整合市、县财政资金，吸引社会资本投入支持其发展。对县（市）区根据自身产业发展的需要，提出的具有本区域特色创新平台建设项目，市科技计划按照市级专项资金相关管理办法，给予优先扶持；县（市）区财政科技资金须按 3：1 配套扶持。

（六）招才引智，服务支撑创新平台

创新人才是创新平台建设的核心，制定进一步放活激励科技人才创新的政策，通过多种形式多种渠道积极引进高新技术产业发展急需的各类创新人才，特别是具有创新精神又具备管理才能的企业家人才、海外高端人才，引智创新、借力发展。坚持创新平台建设与人才培养相结合、创新政策引导与资金扶持相结合，注重人才与项目结合，充分发挥人才在创新平台建设等创新活动中的重要作用，通过创新平台建设吸引和培养各类人才，努力完善各项鼓励人才创新的政策措施，深化用人制度方面的改革，提高创新人才的待遇，完善引进、留住、用活创新人才的机制，努力改善创新人才发展的良好环境，提升对人才的吸引力和凝聚力。

（昆政发〔2012〕43号）

中共昆明市委 昆明市人民政府关于实施创新驱动战略推动昆明创新发展的实施意见

（2013 年 8 月 25 日）

为认真贯彻落实党的十八大关于加快实施创新驱动发展战略部署和《中共中央、国务院关于深化科技体制改革加快国家创新体系建设的意见》（中发〔2012〕6 号）精神，全面落实《中共云南省委、云南省人民政府关于加快实施创新驱动发展战略的意见》（云发〔2013〕8 号）、《中共云南省委、云南省人民政府关于实施建设创新型云南行动计划（2013～2017 年）的决定》（云发〔2013〕9 号）有关要求，深入实施创新驱动战略，推动昆明创新发展，加快昆明国家创新型试点城市建设，结合昆明实际，提出如下意见。

一、总体思路和主要目标

紧紧抓住成为国家创新型试点城市的重大机遇，积极实施创新驱动发展战略，把建设国家创新型城市与落实创新型云南行动计划（2013～2017年）的要求有机结合起来，通过设置一个重大科技创新专项，实施五大科技创新行动，落实22条科技创新的政策措施，实现科技创新投入、科技成果和先进适用技术、科技创新平台、科技创新人才及团队、高新技术产业及科技型企业、创新园区和基地 六个快速发展 。到2017年，基本建成以企业为主体、市场为导向、产学研结合、各创新主体协同创新的区域创新体系，科技进步对全市经济增长的贡献率达60%以上。科技创新工作继续保持全省的 火车头 和 排头兵 ，科技创新能力继续处于西部省会城市中的先进行列，科技创新水平在全国省会城市中争取到新地位。

二、突出企业在技术创新中的主体地位，增强企业创新能力

（一）加快培育科技创新型企业。对确定为市级创新型试点的企业，安排10万元创新试点引导经费，试点企业按不低于3∶1的比例配套，专项用于试点企业提升技术创新能力的项目；市级创新型企业获省级、国家级创新型企业认定的，对企业再分别给予10万元、20万元奖补。积极推荐我市企业申报云南省科技小巨人培育认定，我市企业被云南省认定为科技小巨人企业的，市级科技计划以不高于10万元的项目资金与省科技厅的资助资金配套。

（二）鼓励支持企业科技创新。鼓励企业与国内外高等院校、科研机构共建各级 产业技术创新战略联盟 ，对认定的市级联盟，给予联盟牵

头单位 10 万元引导经费，联盟按不低于 3 : 1 的比例配套，专项用于联盟各成员单位整合提升技术创新能力的项目；被认定的市级联盟，经市推荐升级为省级、国家级联盟的，采取后补助方式给予 10 万元奖补。

支持企业开展国家级新产品申报、认定，获得国家级新产品认定企业的，每件给予 10 万元奖补。支持企业围绕提升市场竞争能力建设技术创新平台，对通过国家、省、市认定的企业技术中心，分别给予 30 万元、20 万元、10 万元补助。对被核定为国家、省工业产品质量控制和技术评价实验室的企业，分别给予 30 万元、20 万元补助。对认定为市级小企业创业基地的，给予基地运营机构一次性 30 万～50 万元资金补助，最高不超过 50 万元。为企业提供创新服务的机构，被认定为市级中小企业社会化服务体系服务示范单位的给予 10 万～20 万元补助。

对高新技术企业和省级以上创新型企业的生产性建设用房、科研机构科研用房，省级以上重点实验室、工程（技术）研究中心、企业技术中心、工程实验室等建设工程，按照规定减免城市基础设施配套费。对省级以上产业园区企业配套建设的各类研发机构，其用地可按科研用地用途供应。

（三）完善考评机制，增强国有企业自主创新能力。将市属国有工业企业研发机构建设、研发投入等自主创新工作情况纳入对其负责人经营业绩考核体系。对企业通过融资方式筹集资金开展研发投入的，按照贴息政策予以扶持，最高不超过 100 万元。

（四）落实税收优惠政策，促进企业科技创新。对企业在开发新技术、新产品、新工艺方面产生的研究开发费用，可在计算应纳税所得额时加计扣除；自 2011 年 1 月 1 日至 2020 年 12 月 31 日，对设在西部地区以《西部地区鼓励类产业目录》中规定的产业项目为主营业务，且其当年度主营业务收入占企业收入总额 70％以上的企业，经企业申请，主管税务机关审核确认后，可减按 15％税率缴纳企业所得税；对符合条件的高新技术企业，经审核减按 15％ 的税率征收企业所得税；对企业由于技术进步等原因，其固定资产确需加速折旧的，可缩短折旧年限或采取加速折旧的方法。

（五）促进科技与金融有机结合，推动企业创新发展。充分发挥市科技型中小企业投资引导资金作用，采取风险补助和投资保障等方式，引导投资机构向我市科技型中小企业投资。

鼓励银行和金融机构加大对科技型中小企业的信贷支持，科技型中小企业的科技成果转化类项目获得新增贷款支持的，在项目实施期内按不高于中国人民银行公布的同期贷款基准利率的 80％ 给予财政贴息，最高贴息额不超过 150 万元。获得知识产权质押贷款的，对其知识产权质押物相应贷款额在科技成果转化类项目贷款期限内，按不高于中国人民银行公布的同期贷款基准利率的 100％ 给予财政贴息，最高贴息额不超过 200 万元。

设立融资风险补偿专项资金，对银行业金融机构向工信、科技项目库企业提供的中小企业新增贷款（包括以知识产权为质押物向企业发放的新增贷款）而实际发生的损失，从风险补偿专项资金中给予不超过其损失 30％ 的补偿。

评估机构获得知识产权评估资质认定，且与三家以上银行签订服务合同的，给予 2 万元补助。完成评估并被采用的，帮助企业成功获得贷款的每满 5 笔给予 5 万元补助。

（六）实施知识产权、品牌发展战略

对被列入国家知识产权示范和试点的企事业单位，分别给予 10 万元和 8 万元的扶持；对被列入省、市知识产权示范和试点的企事业单位，分别给予 6 万元和 4 万元的扶持。获得美国、日本、欧盟各成员国等国家发明、实用新型专利授权的，每件分别资助 3 万元、2 万元；获得其他国家或地区发明、实用新型专利授权的，每件分别资助 2 万元、1 万元。同一件专利最多资助 2 个国家或地区。

国内发明专利、实用新型专利和外观设计专利获授权，每件分别资助 2500 元、1000 元和 200 元。对新获 中国驰名商标 的企业，由市财政每件奖励 20 万元；对新获 云南省著名商标 的企业，由市财政和企业属地财政分别每件奖励 5 万元，共 10 万元；对新获 昆明市知名商标 的企业，由企业属地财政每件奖励 2 万元。对新获 全国知名品牌创建示范区 称号的单位，由市财政每件奖励 20 万元；对新获 云南名牌产品 称号的企业，由市财政和企业属地财政分别每件奖励 5 万元，共 10 万元；对新获 昆明名牌产品 称号的企业，由市财政和企业属地财政分别每件奖励 1 万元，共 2 万元；对新获 市长质量奖 称号的企业或组织，给予一定奖励。

三、支持各类科技创新平台建设，鼓励创新平台提升水平

（七）支持各级重点实验室和工程技术研究中心建设。经认定的市级重点实验室、工程技术研究中心，采取后补助的方式一次性给予不低于

20万元奖补。市级重点实验室、工程技术研究中心经市科技管理部门推荐并获得省级认定的，采取后补助方式给予40万元奖补。对通过国家级重点实验室和工程技术研究中心认定的，采取后补助方式给予100万元奖补。对在昆明设立分支机构的国家级重点实验室和工程技术研究中心，市级科技计划安排不低于200万元的建设引导经费。

（八）重点建设一批院士工作站。紧紧围绕经济社会发展需要，以企业为主要载体，依托各级各类园区，加强产学研合作，建立创新创业人才基地，推动院士工作站向企业聚集、向创业行动、向市场发展。对经昆明市批准建立的院士工作站，给予50万元经费补助，主要用于院士工作站条件改善、日常运作、重大项目和科技成果前期准备等。

（九）加大科技企业孵化器建设的扶持力度。对通过市级科技企业孵化器认定的，一次性给予5万元奖补；对再通过省级、国家级认定的，分别再一次性给予2万元、4万元奖补；科技孵化器毕业企业累计达到20家时，一次性给予10万元奖补。

（十）支持创建昆明市青少年科技创新实验室。对被认定为昆明市青少年科技创新实验室的企业、高等院校、科研院所及中小学校等单位，市级科技计划安排10万元的引导经费，用于开展各类青少年科技创新活动。

（十一）支持建设各类高原特色农业创新平台。支持我市农业科技试验区（示范区、示范基地、密集区）和农业龙头企业申报云南省农业科技示范园、农产品深加工科技型企业和优质种业基地，对通过省级认定的，市级科技计划每个分别一次性给予15万元的引导经费，支持其创新发展。

被认定为国家农业科技园区的，一次性给予 50 万元的奖补，用于园区创新服务平台建设，提升企业技术创新能力。

四、加大科技创新人才培养力度，鼓励各类人才创新创业

（十二）加大高层次创新人才及项目的引进力度。对引进海外高层次创新人才、项目或创新团队，经认定后市财政分别给予人均 30 万元的一次性安家费和 50 万元的项目研发经费补助。

（十三）激励科技人员创新活力。允许我市科研院所、高等院校、事业单位科技人员，经单位批准离岗停薪创办科技型企业，3 年内保留其原有身份、职级职称，档案工资正常晋级；申请提前退休的，在达到法定退休年龄 5 年内，本人自愿、组织批准，可以办理提前退休手续。

（十四）鼓励科技成果转化。鼓励与支持企事业单位进行科技成果转化，对促进科技成果转化取得实效并获国家和省科学技术奖的，依据《昆明市科学技术奖励办法》给予再奖励。对在昆高等院校、科研院所和国有企事业单位职务发明成果的所得收益，按至少 60%、最多 95% 的比例划归参与研发的科技人员及其团队拥有。被授予专利权的单位应当对职务发明创造的发明人或者设计人给予奖励。鼓励科技人员以核心技术或自主知识产权出资创办科技型企业，其全体股东以知识产权出资额的比例，可放宽至注册资本的 70%。

（十五）继续开展高层次创新人才选拔培养工作。对确认为昆明市中

青年学术和技术带头人及后备人选的，在培养期内，其年度考核结果为 实现培养计划目标 、 基本实现考核培养计划目标 ，分别给予带头人、后备人选相关工作津贴；带头人 5 年考核结果均为 实现培养计划目标 且培养期满综合考核为 优秀 的，可授予 昆明市科技领军人才 荣誉称号。

（十六）加大科技创新团队的建设培养力度。对批准创建科技创新团队的，市级科技计划一次性安排不低于 20 万元的引导经费，所在单位按不低于 3：1 的比例配套，主要用于项目（课题）研发和人才培养等创新团队建设。市级创新团队经培养成为省级科技创新团队的，再一次性给予 10 万元奖补。

（十七）支持科技特派员深入基层一线开展科技服务和创业行动。围绕我市优势特色产业，在全市范围内开展市级科技特派员（服务型、创业型）聘任工作，促进项目、资金、技术、成果等各类科技创新要素向基层一线聚集，加速科技成果转化和应用。市级科技计划安排不低于 15 万元的引导经费，支持科技特派员开展创新创业项目。

五、完善保障机制，营造良好创新环境

（十八）强化区域创新统筹协调机制。健全昆明市科技教育领导小组工作协调机制，强化其对贯彻落实创新型云南行动计划的组织领导和统筹协调作用。全市各级各部门各单位要从全局和战略的高度，进一步统一思想，切实增强忧患意识、大局意识和责任意识，把推进昆明国家创

新型试点城市建设与贯彻落实创新型云南行动计划有机结合起来，大力实施创新驱动战略，推动全市创新发展。

（十九）建立财政科技投入稳定增长机制。市、县两级要按照科技经费法定增长的要求，加大科技经费投入力度。市、县两级财政科技投入预算，每年要按高于同级财政经常性收入的增幅安排，市本级财政科学技术投入占当年同级财政支出的比例不低于 3%。

（二十）深化科技管理体制改革。加强科技创新体系建设，强化顶层设计，调整市级科技计划框架，优化科技计划项目管理组织流程，加强对项目经费使用的综合绩效评价和专项审计，健全科技计划项目管理问责机制。完善科技创新评价和奖励机制，建立评价专家责任制度和信息公开制度，完善科技成果登记推介制度，注重科技创新质量和实际效果。

（二十一）完善区域创新统计监测机制。按照贯彻落实创新型云南行动计划的要求以及开展国家创新型试点城市的需要，成立昆明市科技统计监测中心，健全科技进步监测指标体系和成果转化统计指标体系，及时发布昆明科技创新指数，实时跟踪、动态反映全社会研发投入、成果产业化成效、创新环境等评价指标。探索建立对属地高等院校和科研机构服务地方科技进步的跟踪监测制度。

（二十二）落实责任，强化监督。全市各级各部门各单位要加强对科技创新工作的分类指导，明确责任，加强工作协调和沟通。市科技局、市工业和信息化委、市发展改革委、市财政局等责任单位要认真落实好实施创新驱动发展战略的政策措施，各县（市）区、各开发（度假）园区要配合各责任单位抓好本区域内实施创新驱动发展战略的政策措施落实。市国家创新型试点城市工作领导小组办公室要牵头落实建设创新型云南行动计划的目标责任考核工作，并加强对创新型试点城市建设工作目标推进情况的督促指导。

（昆发〔2013〕8号）